KB102891

투자자의 노트부터 창업가의 고민까지

# VC 스타트업

# VENTURE CAPITAL START-UP

투자자의 노트부터 창업가의 고민까지

# VC 스타트업

김 기 영

지음미디어

# 추천사

최근 시중에는 예전보다 VC 관련 책자와 스타트업에 대한 사례를 실은 책들을 쉽게 찾을 수 있습니다. 그동안 블록체인, 메타버스, AI 등 여러 기술 기반 회사들이 우후죽순 생기고 최근 Gen AI가 본격화되면서 VC 업계에 뛰어들어 스타트업 회사를 설립하는 많은 인재를 만나는 경우가 흔해진 것도 사실입니다. 그런데 의외로 기본적인 이해와 절차에 대해서는 개념만 이해할 뿐 실질적인 경험 부족 및 VC와 스타트업 양쪽의 이해관계를 몰라서 실기하는 경우가 많이 있습니다. 이 책은 이런 분들 혹은 앞으로 이 분야에서 일하고 싶어 준비하는 분들 그리고 비록 이 분야가 아니더라도 VC, 스타트업을 이해하고 싶어 하는 모든 사람에게 실질적인 도움이 될 수 있으리라 확신합니다. 아마도 책을 읽어가면서 다양한 산업에서의 현장 실무를 기반으로 VC, 스타트업 양쪽에서 모두 성공과 어려움을 직접 경험한 저자가 현실적인 조언을 제시하는 것을 곳곳에서 느낄 수 있을 것입니다. VC, 스타트업 업계의 훌륭한 가이드가 될 수 있는 책이기에 주위 많은 사람에게 감히 필독서라 추천할 것입니다.

– **김정욱** EY컨설팅 대표이사

이 책은 투자자뿐만 아니라 스타트업의 창업자나 스타트업 창업을 꿈꾸는 예비 창업자들에게 심층적인 통찰을 제공하는 독창적인 안내서입니다. 이 책은 VC 기본 개념에서부터 스타트업의 투자와 성장, 그리고 성공적인 M&A와 IPO까지의 전 과정을 저자만이 갖는 경험을 기반으로 명확하게 설명합니다. VC 및 실제 창업을 해본 스타트업 창업자의 경험을 기반으로 창업에서부터 회사 매각까지, 성공적인 비즈니스 여정을 이끄는 데 필요한 실질적인 안내와 지침을 제공할 것으로 확신합니다.

– **고광범** 한국마이크로소프트 부사장

저자 김기영은 예일대학 학창 시절 때뿐만 아니라 졸업 후에도 항상 주변 사람 및 인더스트리에 긍정적인 영향을 주려 노력하며 바쁘게 움직이는 게 직접적으로 느껴진다. 저자를 볼 때면 본인의 지식과 능력을 잘 쓸 뿐 아니라 영역의 공백이 보이는 부분을 이해당사자들로부터 끌어내 인더스트리를 큰 그림에서 볼 수 있는 탁월한 능력을 가지고 있다 생각했다. 현장 경험을 바탕으로 집필한 이 책은 현장에 계신 VC와 스타트업들에게 교과서처럼 쉽고 실리적으로 받아들여질 것 같아 기대된다. 산업에서의 패인 포인트(pain point)들은 실제 겪어보지 않고서는 아무래도 서술에 한계가 있기에 현장감을 갖춘 이 책은 역동성과 생동감이 담겨 있다. 이번 책 출판을 통해 인더스트리의 리더로서 새로운 영감을 주려 노력하는 저자의 새로운 챕터를 응원한다.

_**박규하** 《나는 테슬라에서 인생 주행법을 배웠다》 저자, 前 테슬라 배터리 구매 그룹장

이 책은 우리가 오랫동안 기다려왔던 책이다. 벤처캐피탈과 스타트업을 모두 깊이 있게 경험한 저자의 내공이 너무나도 쉬운 언어로 표현되어 있다. 벤처캐피탈의 역할과 메커니즘, 스타트업 창업과 경영, 벤처캐피탈과 스타트업 간 관계, 스타트업 밸류에이션, 시장에 대한 저자의 인사이트까지 실용적인 내용들로 가득하다. 그래서 이 책을 읽다 보면 벤처캐피탈과 스타트업은 하나의 유기체와 같다는 저자의 말에 공감하지 않을 수 없다. 벤처캐피탈에 관심이 있는 독자들, 스타트업 경영진과 실무자들, 그리고 스타트업 창업을 꿈꾸는 예비 창업자들에게 일독을 권한다. 놓치면 후회한다.

_ **신임철** GS차지비 대표, 《처음 만나는 행동경제학》 저자

11년 차 현직 VC이자 김기영 대표의 이전 직장 동료로서 첫 장부터 마지막 장까지 흥미진진하게 단숨에 읽을 수 있었다. 이 책을 통해 그동안 내가 어렴풋이 알고 있던 내용들을 일목요연하게 정리할 수 있었으며, 이 책은 국내외 업계 전반을 관통하는 뷰를 제시하여 이번 기회에 새롭게 알게 된 내용들도 여럿 있었다. 또한 김기영 대표의 생생한 실제 투자 경험과 관점을 엿볼 수 있어 VC에 새로 입문하려는 분들뿐만 아니라 후배 VC들에게도 반드시 추천하고 싶은 '교과서' 같은 책이다. 그리고 투자유치를 고민하며 VC 속사정과 생리를 이해하고 싶은 스타트업 창업자분들에게도 이 책을 강력 추천한다. 지피지기면 백전백승이라고 VC와 스타트업 경영자를 모두 경험한 김기영 대표의 소중한 인사이트와 VC 영업비밀 공개를 통해 창업자분들이 효과적인 투자유치 전략을 수립하는 데 큰 도움이 될 것이라 확신한다.

— **송영돈** 스톤브릿지벤처스 상무(대표펀드매니저)


스타트업과 VC가 세상을 바꾸고 있습니다. 그들의 아이디어와 투자로 만들어 낸 많은 서비스, 제품, 기술이 우리 일과 삶을 훨씬 낫게 만들고 있습니다. 더 나아가 이들이 보여주는 모험정신과 창의성은 모든 사회 구성원에게 좋은 자극과 희망을 줍니다. 그래서 더 많은 훌륭한 분들이 스타트업과 VC에 많이 뛰어들기를 기대합니다. 그리고 이 책은 그분들에게 아주 요긴한 도움을 줄 수 있는 훌륭한 안내서가 될 것입니다. 그분들이 가진 많은 훌륭한 아이디어들이 세상을 바꾸는 사업으로 탄생시키는 데 이 책이 조금이나마 힘을 보탤 수 있을 거라 기대합니다.

— **이인영** SSG닷컴 대표이사

이 책은 김기영 대표의 실제 경험을 통해 스타트업과 VC 업계의 특성을 균형잡힌 시각으로 잘 설명해주고 있습니다. 성공의 화려함과 지름길을 이야기하는 많은 책과 달리 핵심 요소들과 업계의 본질을 간결하고 이해하기 쉬운 방식으로 전달해줍니다. 평소 주변의 초기 스타트업 대표분들께서 투자의 전반적인 과정과 주의사항에 대해 저에게 문의할 때가 많았는데, 이럴 때 자신 있게 이 책을 먼저 읽어보시라고 추천하고 싶습니다. 어느 누구도 친절히 가르쳐주지 않는, 그래서 더 막막한 투자 프로세스의 실제 진행 과정을 기본부터 다양한 관점에서 이해할 수 있게 도와주는 책입니다.

— **양준규** '우리의식탁' 대표

IT산업이 세계 경제, 그리고 한국 경제에서 차지하는 비중이 커짐에 따라 자연스럽게 스타트업 역시 경제에서 큰 역할을 하고 있습니다. 그리고 그 과정에서 스타트업에 투자하는 자본시장 역시 크게 성장하고 중요성이 커지고 있는데, 대표적인 자본 유형이 바로 VC입니다. 이러한 시대 흐름에 따라 스타트업과 VC를 올바르게 이해하는 것이 매우 중요한데, 이 책의 진정한 가치는 바로 스타트업과 VC를 모두 깊이 있게 경험한 저자가 다양한 측면에서 VC를 바라보고 설명하고 있다는 점에 있습니다.

스타트업은 시장과 고객을 명확하게 이해하고 접근해야 성공할 수 있다고 이야기합니다. 그렇기 때문에 시장을 가장 잘 이해하고 대표하는 존재인 VC를 명확하게 이해하는 것은 필수적인데, VC에 대한 이해는 고객에 대한 이해보다 소홀히 되고 있는 측면이 있습니다. VC를 단순한 '자금줄'로 이해해서는 안 됩니다. 그들은 오랜 기간 시장을 지켜보면서 다양한 분야의 많은 회사의 흥망성쇠를 지켜본 시장 전문가들입니다. VC를 이해하기 위한 첫걸음으로 모든 스타트업 종사자에게 자신 있게 이 책의 일독을 권합니다.

— **정호석** 법무법인 세움 대표변호사

스타트업을 운영하고 있다고 하면 가장 많이 듣는 질문이 "투자는 어떻게 받았어?"이다. 스타트업을 시작하기 전, 이 책을 통해 VC의 구조와 생리를 이해하고 스타트업 창업자로서 시장에 대한 관점과 사명감을 익힐 수 있었다면 그동안 많은 삽질을 줄일 수 있었을 것이다. '지피지기'라고 하지 않았던가. 스타트업을 둘러싼 여러 이해관계자와의 관계를 어디서부터, 어떻게 시작해야 할지 모르겠는 모든 (예비) 스타트업 창업자와 관계자들에게 길라잡이가 될 것이라 확신한다.

–**정다움** 모빌리티 스타트업 '라이클' 대표


김기영 저자의 《VC 스타트업》은 해외 사례와 국내 사례를 모두 연구하여, 40년에 접어드는 국내 벤처캐피탈 역사의 흐름 속에서의 현주소를 바라볼 수 있는 중요한 작품이라고 여겨집니다. 해외에서 다양한 분들을 만나다 보면 한국 음식을 비롯한 다양한 문화 콘텐츠에 대한 관심을 통하여 한류의 힘을 느낄 수 있는 사례가 종종 있습니다. 이 모든 분야의 연결점은 해외의 주요 사례를 참조하면서, 저희만의 고유한 스토리를 만들어낸 것에 있습니다. 국내 스타트업 및 벤처캐피탈 생태계도 이러한 기로에 서 있다 여겨집니다. 이번 책을 통하여 해외 사례와 국내 사례를 한곳에서 곱씹어보며, 앞으로 더 많은 성공적인 창업자가 나오길 기대해봅니다.

– **최경국** 힐스프링인베스트먼트 파트너

문득 에이블리 초창기 시절 첫 투자유치를 위해 여러 VC 하우스를 찾아다녔던 장면이 떠오른다. 비즈니스 모델과 팀에 대한 비전으로 자신감은 있었지만 VC와의 첫 대면은 떨림 그 이상의 막연한 두려움이 상존했었다. 우선 생소한 용어와 개념부터 시작해서, 밸류 협상과 주요 텀시트 조율 과정에 이르기까지 모르는 것투성이였다. 혹여나 내가 너무 모르는 걸 티 내면 협상에서 불리한 위치에 처하게 될까 걱정스러운 나머지 적당히 알아듣는 척 연기하며 미팅 내용을 한 글자도 빠짐없이 기록하고 남몰래 공부했다. 마땅한 참고 자료가 없어 경험이 있는 지인들을 수소문해 귀동냥을 해야 했다. 그리고 마음속으로 작은 다짐을 했다. '그간 맨땅에 헤딩을 해가며 쌓아온 경험과 지식을 후배 창업자들에게 기꺼이 나눌 수 있는 사람이 되겠다'고 말이다. 이제 그 결심을 실천하기가 훨씬 수월해졌다. 바로 이 책 덕분이다.

이 책은 필자의 성품만큼 친절하고 배려심이 넘친다. 생소한 용어와 개념을 누구나 이해하기 쉽게 풀어 설명하고, 직접 경험한 에피소드를 곁들여 생동감 넘치게 전달한다. "VC와 스타트업은 하나의 유기체이기에 서로를 이해하지 못한다면 생태계의 반쪽만 이해하게 되는 것이다"라는 대목은 이 책의 존재 가치를 대변한다. VC와 스타트업 양 사이드를 모두 경험한 필자가 아니라면 풀어낼 수 없는 넓이와 깊이는 이 책의 차별화된 진가라고 할 수 있다. VC와 스타트업에 관심 있는 지인이 있다면 훌륭한 교과서 같은 이 책을 선물하고 부록으로 내 경험을 나누겠다. 필자가 이 책을 집필하기로 결심한 뜻에 조금이나마 일조하고 싶은 마음이다.

  − **한성우** '에이블리' 공동창업자 (前 COO)

# 'MICROSOFT, GOOGLE, FACEBOOK(META), TESLA, OpenAI'

아마 독자 여러분 모두가 알고 있는 위대한 기업이 된 스타트업입니다. 이 회사들은 한 가지 공통점이 있습니다. 모두 VC^Venture Capital(벤처캐피탈)라는 모험자본을 통해 빠른 성장을 만들었다는 점입니다. 창업자들은 세상을 바꿀 수 있는 멋진 상품과 서비스를 기획했고, VC가 제공한 모험자본은 이를 완성시켰습니다. 더 오래 전 과거로 거슬러 올라가면 신대륙을 발견한 콜럼버스도, 대량 생산 혁명에 성공한 포드 자동차도, 스마트폰을 개발한 스티브 잡스의 애플도 시작은 모두 '모험자본'이라는 단어로 귀결됩니다.

국내도 마찬가지입니다. 뉴욕증권거래소 상장에 성공한 '쿠팡'이라는 스타트업은 소프트뱅크라는 VC로부터 대규모 펀딩을 받으며 대한민국 온라인 유통시장을 장악했습니다. 핀테크의 새로운 지평을 열고 있는 '토스'도 알토스와 같은 투자자를 만나면서 사업 확장을 위한 기반을 마련할 수 있었습니다. 국내 최대 모바일 플랫폼 회사 중 하나인 '카카오'도 마찬가지입니다. 사업 초기 한국투자파트너스와 같은 VC 자본을 통해 성장의 기틀을 구축했습니다.

세상은 빠르게 변하고, 기술의 발전은 변화의 속도를 가속화하고 있습니다. 하지만 그럼에도 불구하고, 이런 흐름 속에서 VC와 스타트업은 늘 새로운 변화의 중심에 자리 잡고 있었습니다. 과거 40년이 그러했고, 미래의 40년도 크게 다르지 않을 것 같습니다.

이 책은 VC와 스타트업 관계자를 위한 책입니다. 시장에 진입하고 싶은 대학(원)생과 이직 준비생에게도 필요한 내용입니다.

중소벤처기업부가 최근 집계한 자료에 따르면 국내 스타트업 종사자 수는 76만 명을 넘어선 것으로 파악됩니다. 4대 그룹 고용을 넘어선 수준이라고 합니다. 하지만 안타깝게도, 제가 스타트업에 투자하고 또 직접 운영하면서 만났던 대다수의 구성원은 VC의 중요성은 어느 정도 인지하고 있었으나, 어떤 메커니즘으로 돌아가는지 잘 몰랐습니다. 스타트업 안에서 더 빠르게, 높게 성장하기 위해서는 VC에 대한 이해가 필수 요소라고 생각합니다. 자본의 흐름은 회사의 운영과 전략에 큰 영향을 미칠 수밖에 없으니까요. 이 책은 스타트업

창업자와 실무자를 위한 지침서입니다.

VC 실무자들께도 자신 있게 추천해드릴 수 있습니다. 제가 심사역으로 처음 입문했을 때 이런 가이드가 있었으면 참 좋았을 것 같습니다. VC는 대기업과 달리 규모가 큰 조직이 아니어서 체계적인 교육 시스템이 없는 편입니다. 사수를 통해서도 많이 배우지만 대부분 스스로 습득해야 하는 경우가 많죠. 이 책이 좋은 길라잡이가 되어드릴 거라 믿습니다. 투자 사이드에 있어도 스타트업 실무에 대한 내용은 잘 보실 필요가 있습니다. 저는 VC에서 스타트업으로 넘어가면서 '이런 걸 놓치면서 지금까지 어떻게 투자를 하고 사후관리를 했었나?'라는 생각을 많이 했습니다. 참고로, 이 책은 주석이 많은 편입니다. 심사역들은 특히 이런 내용까지 놓치지 않고 보시면 더 의미있는 시간이 될 것 같습니다.

스타트업이 VC를 알지 못하면 시장의 반만 보는 것과 마찬가지입니다. VC 역시 스타트업의 고민을 알지 못하면 생태계의 반만 보는 것과 다름없습니다.

제가 가진 가장 큰 차별점은 VC와 스타트업을 모두 경험했다는 점입니다. 그렇기에 양쪽을 밸런스 있게 다루기 위해 노력했습니다. 저는 오마이스쿨에서 〈김기영의 스타트업과 디지털 기술 트렌드〉

채널을 개설했고, 지금은 건국대학교에서 〈VC & 스타트업〉 과정을 운영하는 겸임교수를 맡고 있습니다. 감사하게도 수만 명의 관계자들께서 제 강의를 시청하시거나 참여해주셨는데요. 그 과정에서 산업 전반에 대해 깊이 있게 다루는 서적이 없다는 점이 늘 아쉬웠습니다. 그래서 이 책을 통해 제가 현장에서 축적한 VC와 스타트업의 지식과 정보를 압축하여 공유하기로 마음먹었습니다.

작가로서 한 가지 바람이 있다면 베스트셀러보다는 오래 간직하고 볼 수 있는 스테디셀러가 되기를 소망합니다. 관계자들에게는 교과서처럼 사용되기를 바랍니다. VC와 스타트업의 고전을 꿈꾸며 이 책을 시작합니다.

차례

# 4장  계약서

# 5장  스타트업의 고민

# 6장 첨언

**Note**

본문에서 표현한 VC는 벤처캐피탈을 업으로 하는 투자기관을 지칭합니다. 국내에서는 이를 세분화하여 창업투자회사와 신기술사업금융자 등으로 구분하지만, 이 책에서는 모든 유형을 VC로 총칭하여 부르기로 했습니다. 중간중간 '하우스'라는 표현이 등장하는데 이는 VC 각 업체, 회사를 일컫는 말입니다. 더불어 VC 투자를 받은 국내 벤처기업과 중소기업이라면 모두 스타트업으로 간주하고 집필 작업을 진행했습니다. 모험자본을 활용하여 폭발적인 (J커브형) 성장을 도모하는 기업들을 스타트업으로 구분하여 표현했음을 먼저 말씀드립니다.

# 1장

# VC 투자란

## Intro

국내외 유명 스타트업들의 상당수는 성장 과정에서 VC 투자를 유치했습니다. 이제 막 회사를 시작한 초기 기업들도 마찬가지입니다. 미국의 실리콘 밸리와 한국의 테헤란로에는 다수의 벤처투자기관이 밀집되어 있는데, 이곳에는 VC들과의 미팅을 희망하는 창업자들이 늘 분주하게 움직입니다. 스타트업들은 제한적인 자원을 효율적으로 사용할 수 있는 방법에 대해 고민합니다. 불필요한 영역에 리소스가 반복적으로 투입되는 것은 소규모 조직에게는 큰 부담입니다. 그럼에도 불구하고 스타트업의 대표들은 VC와 관련된 업무에 많은 시간과 정성을 쏟습니다.

이유는 단순합니다. '자금조달financing'이 그만큼 중요하기 때문입니다. 스타트업은 새로운 아이디어 혹은 기술을 기반으로 설립된 신생기업입니다. 혁신에 성공할 경우 큰 기대수익을 예상할 수 있지만 그만큼 큰 리스크를 동반합니다. 하버드 경영대학원의 시카 고시Shikhar Ghosh 교수가 2,000개의 스타트업들을 대상으로 진행한 조사에서는 유의미한 수준의 매출을 발생시킨 스타트업들의 비중이 전체 모수의 5% 수준에 불과했습니다. 필자가 필드에서 느꼈을 때도 열에 아홉은 생존하지 못하거나 생존에 대한 진지한 고민을 하고 있는 상황입니다.

스타트업이 추구하는 '혁신'은 하루아침에 이루어지지 않습니다. 좋은 동료를 모으고 비전을 현실화할 수 있는 '시간'을 확보해야 합니다. 이런 과정은 (스타트업의 성격마다 다르겠지만 일반적으로) 상당한 규모의 비용을 수반하는데, 이때 창업자들이 선택할 수 있는 가장 좋은 옵션 중 하나가 바로 '모험자본venture capital'을 조달하는 것입니다. 특히 회사를 설립한 지 얼마 안 된 초기 기업들은 안정적인 현금흐름cashflow 창출이 매우 어렵기 때문에, VC들을 통해 투자유치를 진행하는 것이 더욱더 중요합니다.

# VC의 역할 및 영향력

VC 투자유치는 다음과 같은 장점들이 있습니다.

첫째, 시장에 긍정적인 시그널signal을 보낼 수 있습니다. 기관들은 나름의 방식을 통해 면밀히 회사를 검토하고 투자를 집행합니다. 그렇기 때문에 VC로부터 투자유치를 받았다는 사실은 해당 스타트업이 투자 심의 과정에서 본인들의 가치를 증명했음을 나타냅니다. 특히 시장에서 잘 알려진 기관으로부터 투자를 유치할 경우 이런 효과는 더욱더 강력해집니다.

둘째, VC를 통해 다양한 밸류애드value-add를 받을 수 있습니다. 기관들은 일반적으로 수십 개, 많게는 수백 개의 포트폴리오를 가지고 있습니다. VC는 본인들의 포트폴리오 회사들과 교류하면서 스타트업 운영에 대한 노하우know-how와 주요 시장에 대한 핵심 정보information를 확보하고 방대한 인적 네트워크network를 구축합니다. VC로부터 투자유치를 받은 스타트업들은 이런 정성적인 요소들에 대한 접근성을 제공받으며 더 효율적으로 회사를 성장시킬 수 있습니다.

셋째, 성공적인 회수Exit를 위한 든든한 파트너를 확보하게 됩니다. 대부분의 창업자는 회수 경험이 없지만, VC들은 전문적인 투자기관이기 때문에 얘기가 다릅니다. 실력 있는 VC들은 M&A를 위해 잠재적 매수자를 연결해주기도 하고, IPO를 고려하는 스타트업들에게는 상장 자문사를 연결해주거나 적절한 기업공개 시점을 함께 고민하

**그림 1. VC 투자유치의 장점**

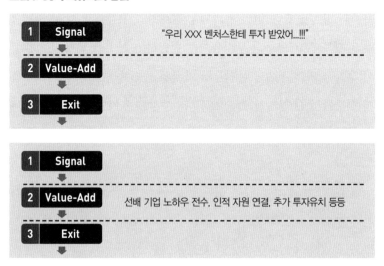

는 등 여러 각도에서 의미 있는 도움을 준 사례들이 많습니다.

그렇다면 VC들의 도움을 받은 회사들의 성적표는 어떨까요?

백문이 불여일견이니 데이터를 보면서 같이 얘기해봅시다.[1] 미국 NVCA National Venture Capital Association에서 공개한 자료에 따르면 1978년부터 2020년 사이 미국 주식시장에 상장한 기업 중 약 50%가 VC 투자를 받았고, 해당 기업들의 전체 시가총액 중 약 77%가 VC 투자를 받은 스타트업으로부터 창출되었습니다. 2020년 12월 31일 기준으로 미국에서 기업가치가 가장 높은 10개의 회사 중 6개가 VC 투자를 받았습니다. 긴 말이 필요 없어 보입니다.

다음 [표 1]은 VC 투자를 받은 Top 30 기업을 정리한 것입니다(2020년 기준). 애플, 아마존, 구글 등 시대를 대표하는 핵심 빅 테크 기업들이 벤처투자를 받았음을 알 수 있습니다. 기술 기업 이외에도 스타벅

---

**1** Gornall, Will and Strebulaev, Ilya A., The Economic Impact of Venture Capital: Evidence from Public Companies(June 2021). Available at SSRN: https://ssrn.com/abstract=2681841 or http://dx.doi.org/10.2139/ssrn.2681841

스와 같은 리테일 회사, 길리어드 사이언스와 같은 제약회사도 리스트에 포함되어 있습니다.

## 표 1. VC 투자를 받은 Top 30 기업 예시

| 1. Apple | 11. NVIDIA | 21. UBER |
|---|---|---|
| 2. amazon | 12. Sun microsystems | 22. Celgene |
| 3. Microsoft | 13. GILEAD sciences | 23. Stryker |
| 4. Alphabet | 14. AMGEN | 24. airbnb |
| 5. facebook(현 META) | 15. AMD | 25. Intuit |
| 6. Tesla | 16. ServiceNow | 26. Fiserv. |
| 7. CISCO | 17. STARBUCKS | 27. eBay |
| 8. NETFLIX | 18. Square | 28. SnapChat |
| 9. ORACLE | 19. Genentech | 29. Activision Blizzard |
| 10. Salesforce | 20. Intuitive Surgical | 30. Compaq |

(출처: ResearchGate / Juan M. Sanchez)[2]

한국도 마찬가지입니다. 국내 스타트업 관련 종사자 수는 2022년 기준 약 80만 명으로 대한민국 4대 그룹 종사자 수를 넘어섰습니다. 더불어 2021년 기준으로 100개 회사가 코스닥 시장에 상장했는데, 이 중 62%의 회사가 VC 투자를 받은 것으로 파악되었습니다. 해당 수치는 2017년에는 50%대 초반이었지만 2020년에는 60%대 초중

---

**2** https://www.researchgate.net/figure/The-logos-of-the-top-30-VC-backed-companies-sorted-by-their-highest-market-capitalization_fig2_346767226

반까지 상승했음을 알 수 있습니다. 관련 내용들을 [표 2]에 간단하게 요약했습니다. 이를 보면 과거에도 이미 상당히 높은 수준이었지만, VC의 영향력이 지속적으로 커지고 있다는 것을 어렵지 않게 파악할 수 있습니다.

**표 2. 국내 코스닥 상장사 중 VC 투자를 받은 기업들의 비중**

| 구분 | 2017 | 2018 | 2019 | 2020 | 2021 | 2022(년) |
|---|---|---|---|---|---|---|
| IPO 수 | 78 | 90 | 97 | 86 | 100 | 112 |
| VC 투자 기업 | 40 | 47 | 53 | 55 | 62 | 67 |
| 비중 | 51.2% | 52.2% | 54.6% | 63.9% | 62.0% | 59.8% |

(출처: 벤처캐피탈협회)

VC 투자가 만병통치약은 아닙니다. VC 투자를 받지 않고도 훌륭한 기업으로 성장한 곳들도 많고, 오히려 기관 투자를 받으면서 불필요한 압박을 받아 회사 상황이 더 안 좋아진 곳들도 분명 존재합니다. 다만, 통계적으로 그리고 경험적으로 봤을 때 VC로 인해 파급되는 득이 실보다 많음을 명확히 하고 싶었습니다. 벤처투자기관이 생태계에서 차지하는 비중이 큰 만큼, 스타트업 입장에서는 투자유치 여부를 떠나 VC라는 존재에 대해서는 잘 알아둘 필요가 있습니다. VC 실무자들 관점에서는 이런 통계 자료를 보면서 본인들이 얼마나 큰 영향력을 행사하는지 다시금 생각해보길 바랍니다. 자부심을 느끼되 깊은 책임감을 가져야 합니다. VC가 우리 사회에 미치는 영향력이 그만큼 크기 때문입니다.

# VC의 역사

VC에 대한 정의는 표준화되어 있지는 않습니다. 다만 공통적으로 반복되는 키워드들이 있는데 대한민국 기획재정부에서는 VC를 다음과 같이 정의했습니다.

"위험성은 크나 높은 수익이 예상되는 사업에 투자되는 자금"

결국 VC 투자의 본질은 큰 리스크를 짊어지는 대신 그에 상응하는 높은 수익률을 기대하는 '모험자본'이라고 볼 수 있습니다. 2배, 3배 수준의 수익률을 기대하는 투자가 아니라는 뜻입니다.

많은 사람은 모험자본의 근원을 논할 때 15세기부터 본격적으로 시작된 신대륙 개척을 얘기하곤 합니다. 스페인, 네덜란드, 포르투갈

등 유럽 각국이 향신료와 황금을 구하기 위해 신항로를 찾았고, 이를 위해 지역의 부호들과 국가의 왕들은 콜럼버스와 같은 모험가들에게 막대한 자본을 후원했습니다. 아메리카 대륙을 발견한 것으로 잘 알려진 콜럼버스의 경우 새로 발견된 지역에서 발생하는 총이익의 10%를 받는 것을 여왕으로부터 약속받았는데, 이와 같은 형태의 금융 거래가 VC의 시작점이라는 주장입니다. 투자자들은 모든 것을 잃을 수 있다는 리스크를 감내해야 했지만, 프로젝트가 성공할 경우 천문학적인 수익을 기대할 수 있었습니다.

하지만 필자는 대항해 시대에 이루어지는 모험자본을 VC로 구분하기는 다소 무리가 있다고 생각합니다.

현재 우리가 알고 있는 형태의 VC가 최초로 시작된 곳은 20세기 초 미국이었습니다.[3] 미국은 1800년대 후반부터 기술 중심의 스타트업에 자금을 지원할 수 있는 방법에 대해 고민했는데, 당시 은행들이 고위험 투자군인 스타트업 투자에 대한 거부감이 있었기 때문입니다. 이러한 문제점을 해결하기 위해 록펠러와 같은 소수의 고액 자산가가 가족 펀드를 만들어 엔젤투자 형태로 자금을 제공했지만 연속성의 이슈가 있었습니다.

---

**3** https://www.kvic.or.kr/upload/default/20210210/20210210164214_53824.pdf

이런 상황 속에서 '벤처캐피탈의 아버지'로 불리는 하버드 경영대학원의 조지 도리오Georges Doriot 교수가 ARDAmerican Research and Development라는 VC를 보스턴에 설립했습니다. ARD는 기존의 모험자본과 명확한 차별점이 있었습니다. 이들은 최초로 소수 부호가 아닌 일반 대중으로부터 공모 형식으로 펀드를 조성하여 기술 스타트업에 투자하는 VC였습니다. 사업 철학도 특별했습니다. 단순 고수익만을 추구하는 기존의 모험자본과 달리, 투자를 통해 기술 개발을 가속화하여 일자리 창출과 경제 성장을 이룩하려는 비영리적 정신이 가득했습니다.

도리오 교수와 ARD는 그저 하나의 법인이 아닌 새로운 산업을 만들고 싶었고, 결국 수백 개의 벤처 기업을 탄생시켰습니다. 대표적인 포트폴리오 회사 중 하나인 DECDigital Equipment Corporation에는 1957년 7만 달러를 투자했는데, 이 회사는 1968년 약 380만 달러의 가치를 인정받으며 상장에 성공했습니다.

ARD를 시발점으로 미국 전역에서 여러 VC가 등장하기 시작했습니다. 특히 MIT를 공격적으로 벤치마킹했던 스탠퍼드대학이 위치한 캘리포니아주 팔로 알토Palo Alto에는 여러 스타트업과 VC가 모이기 시작했습니다. 훗날 명실상부 최고의 VC로 도약한 '세쿼이어Sequoia', '클라이너퍼킨스Kleiner Perkins'가 대표적인 예입니다. 이들은 하나의 거대한 경제 클러스터를 형성했고, 이는 오늘날 실리콘밸리의 모태가 되었습니다. '휴렛팩커드Hewlett-Packard', '애플Apple'과 같은 위대한 기업들은 이 생태계가 만든 결과물 중 하나입니다.

이런 흐름 속에서 미국의 VC 모델은 한 번 더 진화했습니다. 현재까지 이용되고 있는 '리미티드 파트너십Limited Partnership, LP'의 개념이 1960년대 초부터 자리 잡았던 것입니다(LP에 대한 세부적인 설명은 2장에서 더 심도 있게 다뤄보도록 하겠습니다). LP 형태의 VC는 기존의 벤처캐피탈 모델보다 투자 성과를 더 명확하고 효율적으로 공유할 수 있는 구조였습니다. 사업 모델이 안정화되면서 시장은 더 탄탄한 성장을 기록할 수 있었습니다.

이때 또 하나의 촉매제 역할을 한 것이 바로 1978년 이루어진 ERISAEmployee Retirement Income Security Act(근로자퇴직급여보장법) 규정의 개정이었습니다. 개정안은 기존에 막혀 있었던 미국 연기금의 벤처캐피탈 투자를 허용했는데, 이로 인해 1978년 3,200만 달러였던 벤처 투자 수치는 1984년 10억 8,500만 달러까지 급증했습니다. 여기에 더해 미국 의회가 자본이득세율을 28%로 낮추면서 1980년대 초 VC 시장은 바야흐로 전성기를 맞이하게 되었습니다.

1980년대부터는 기존에 집행했던 투자들이 연속적으로 놀라운 회수를 기록하면서 시장은 성숙 단계에 진입했습니다. 이렇게 시작된 VC의 명맥은 2000년대 닷컴 버블과 같은 난관들을 잘 극복하며 오늘날까지 이어져 글로벌 경제에 강력한 영향력을 행사하고 있습니다. 인류의 길고 긴 모험자본의 역사 속에서 VC 모델의 탄생은 기념비적인 순간이었습니다. 이 중심에는 미국이 있었고, 이들은 여전히 전 세계 시장을 주도하고 있습니다.

# TiP 주요 글로벌 VC 소개

운용자산의 규모와 시장 내 평판을 고려하여 대표적인 글로벌 VC 7곳을 정리해봤습니다. 하나하나 살펴보겠습니다.

## 1. 세콰이어캐피탈Sequoia Capital

1970년대 초반 캘리포니아주에 설립된 세콰이어캐피탈은 실리콘밸리를 중심으로 활동하고 있으며 주요 포트폴리오로는 구글, 야후, 애플, 페이팔, 인스타그램, 링크드인 등이 있습니다. 한국과도 인연이 깊은 편인데 쿠팡, 마켓컬리 등에 투자하며 시장의 주목을 받은 바 있습니다. 미다스의 손이라고 불러도 과언이 아닐 만큼 훌륭한 투자 실적을 보유하고 있습니다.

## 2. 클라이너 퍼킨스Kleiner Perkins

세콰이어캐피탈과 더불어 실리콘밸리의 양대 산맥으로 구분됩니다. 1972년 설립되어 딥테크(최종 사용자 제품 혹은 서비스로부터 탈피해 깊이 있는 과학적 발전을 필요로 하는 기술에 집중하는 조직[주로 스타트업]을 설명하는 용어) 회사 위주로 탄탄한 포트폴리오를 구축했습니다. 주요 투자 회사로는 아마존, 트위터, 넷스케이프 등이 있습니다.

### 3. 안드리센호로위츠Andreessen Horwoitz

현재는 a16z로 불리는 미국의 대표적인 VC로, 마크 안드리센과 벤 호로위츠 두 사람이 창업한 투자사입니다. 안드리센과 호로위츠는 넷스케이프의 창업자이기도 한데, 엑시트Exit 후 벤처투자자로 전향한 대표적인 사례입니다. 안드리센호로위츠는 가치 증대value-add에 신경을 많이 쓰는 하우스로 알려져 있습니다. 업계 최고 전문가로 구성된 지원팀이 포트폴리오 회사의 성장을 도와주고 있으며, 주요 투자 케이스로는 페이스북, 리프트, 깃허브, 슬랙, 코인베이스 등이 있습니다.

### 4. 벤치마크Benchmark Capital

벤치마크는 미니멀리즘을 고수하는 실리콘밸리의 간판 VC로, 이 회사는 정규직 파트너 5명이 동등하게 이익을 공유하는 구조를 가지고 있습니다. 파트너들 간에는 상하관계가 없으며 최소 인력으로 대규모 자본을 운영하는 벤처캐피탈입니다. 대표적인 포트폴리오로는 우버, 이베이, 스냅챗 등이 있습니다. 이베이에 투자한 사례는 업계의 대표적인 성공 케이스로 260억 원 가치일 때 투자한 회사가 2년 만에 26조 원의 시가총액을 기록하며 연평균 수익률 약 2,632%를 기록한 것으로 알려졌습니다. 이는 실리콘밸리에서 가장 높은 성과를 거둔 VC 투자 중 하나로 여전히 회자되고 있습니다.

### 5. 타이거글로벌매니지먼트Tiger Global Management

2001년 3월 억만장자 펀드매니저인 체이스 콜먼Chase Coleman이 설립한 투자회사로 주로 소프트웨어, 인터넷, 핀테크 및 소비자 회사에 중점을 둡니다. 스타트업뿐만 아니라 상장사 투자도 공격적으로 진행하는 편이고, 블록체인과 크립토 회사에도 큰 관심을 가지고 있습니다. 주요 포트폴리오로는 알리바바, 플립카트, 페이스북, 스포티파이 등이 있습니다.

## 6. 와이콤비네이터Y-Combinator

실리콘밸리의 대표적인 초기 투자회사로, 2005년 폴 그레이엄, 제시카 리빙스톤 등 IT 전문가 그룹이 창업한 VC입니다. ChatGPT를 만든 OpenAI의 CEO 샘 올트먼은 2014년부터 2019년까지 와이콤비네이터의 대표를 맡기도 했습니다. '엑셀러레이터Accelerator(스타트업을 발굴해 지원하는 기업이나 기관. 일정 주기로 대상을 선정한 뒤 3~6개월 정도 멘토링과 교육 등의 프로그램을 지원해 스타트업의 성공을 돕는다)' 모델의 선구자라고 해도 과언이 아닙니다. 주요 포트폴리오로는 에어비앤비, 스트라이프, 도어대시 등이 있습니다.

## 7. 500 스타트업500 Startups

2010년에 설립된 500 스타트업은 와이콤비네이터와 마찬가지로 시드 투자와 초기 단계 벤처투자를 메인으로 하는 VC입니다. 모바일 시대의 흐름에 맞춰 다수의 글로벌 유니콘 스타트업에 투자한 것으로 잘 알려져 있으며, 대표적인 포트폴리오로는 그랩택시, 크레딧카르마 등을 꼽을 수 있습니다. 한국에서도 사무실을 운영하며 다수의 국내 스타트업에도 투자를 집행했습니다.

# 한국 VC의 과거와 현재

한국의 첫 번째 VC는 미국보다 한참 늦은 1970년대 등장했습니다. 1974년 국책 기관의 연구 결과를 사업화하는 목적으로 설립된 한국기술진흥주식회사Korea Technology Advancement Corporation, KTAC가 그 시작이었습니다. 현재와 같은 개념의 VC는 1981년 설립된 한국기술개발(현 우리벤처파트너스⁴)을 효시로 간주합니다. 한국기술개발은 벤처기업 1호인 '삼보컴퓨터(구 삼보전자엔지니어링)'에 약 3억 원을 지원했고, 삼보컴퓨터는 이 자금을 활용해 국내에서 고성능 퍼스널 컴퓨터를 상용화하는 데 성공했습니다. 이외에도 한국기술금융(현 KDB캐피탈) 등이 선두주자로 참여했는데 이들은 엄밀히 따지면 리스와 담보 중

---

**4** KTAC는 과거 KTB네트워크로 사명이 바뀌었는데 모기업이 인수되면서 다올인베스트먼트로 사명을 변경했고, 다올인베스트먼트는 우리금융이 2023년 인수하면서 '우리벤처파트너스'로 사명이 다시 한번 변경되었다.

심 융자를 메인으로 하는 신기술금융회사에 가까웠습니다.

1986년에는 '중소기업창업지원법', '신기술사업금융지원에 관한 법률'이 제정됨에 따라 한국에서 처음으로 벤처캐피탈이 법제화되고 스타트업 관련 제도들이 정비되었습니다. 이를 계기로 해당 연도에는 12개의 VC가 설립되었는데, 여담으로 이 중 제1호로 등록된 VC는 부산 지역 상공인들이 공동 출자해 1986년 11월에 설립한 '부산창업투자'입니다.

1980년대 후반부터 1990년대 중반까지는 3저(저금리, 저유가, 저달러) 호황 속에 다수의 VC가 집단적으로 등장했습니다. 여기에 정부의 각종 벤처기업 지원 정책이 가시화되면서 1990년에는 약 20개가량의 민간 벤처캐피탈이 설립되었습니다. 1995년에는 벤처기업 중 코스피에 최초로 상장한 '메디슨'의 창업주 이민화 교수를 중심으로 벤처기업협회가 만들어지는 등 시장이 한층 성숙해지는 모습을 보였습니다.[5] 1996년 7월에는 기술 중심 자본시장을 활성화한다는 취지로 코스닥 시장이 출범하였고, 이는 VC 시장 활성화의 또 다른 촉매제 역할을 했습니다.

---

5 여담으로, 벤처기업협회는 1995년 12월 2일 서울 삼성동 섬유센터에서 창립총회를 진행하였는데, 흥미롭게도 한국벤처캐피탈협회(KVCA)는 여전히 같은 장소에서 VC 전문가 과정을 운영하고 있다. 벤처캐피탈리스트들에게 상당히 상징성 있는 장소라고 말할 수 있을 것 같다.

이때 설립된 VC를 우리는 한국의 1세대 벤처캐피탈로 구분하는데, 한국형 1세대 VC들은 몇 가지 특징이 있었습니다.

첫째, 중소/중견 기업들이 설립한 VC들의 비중이 높았는데, 정부가 30대 기업의 VC 설립을 허용하지 않았기 때문입니다. 2020년부터는 CVC^Corporate Venture Capital (기업형 벤처캐피탈) 활성화를 목적으로 관련 규정이 많이 완화되었지만 초창기에는 제약이 많은 편이었습니다. 1996년 'LG창업투자'가 설립되었지만 지난 2000년 LG그룹에서 LB그룹으로 계열 분리되었고 사명도 'LB인베스트먼트'로 변경되었습니다. 범 LG가(家)이지만 엄밀히 따지면 대기업이 아닌 중견기업 카테고리에 속한다는 뜻입니다.

둘째, 1세대 VC에서는 문화 투자가 흥행했습니다. 당대 최고의 영화였던 〈쉬리〉, 〈친구〉, 〈공동경비구역 JSA〉 등이 VC 투자를 받았습니다. 영화 투자는 투자 시점부터 회수 시점까지 약 1년 정도의 시간밖에 소요되지 않아서 단기 투자로는 매력도가 높았습니다. 하지만 높은 위험도 대비 제한적인 수익률로 인해 문화 투자에 대한 관심도는 점진적으로 줄어들었습니다.

이후 IMF 외환위기가 있었지만 오히려 이 시기를 거치면서 강력한 벤처 붐이 일었고 2001년에는 벤처기업 수가 약 1만 개를 돌파했습니다. 하지만 닷컴 버블에 대한 우려가 현실화되면서 코스닥 지수는 급락하였고, 이로 인해 VC와 스타트업은 침체기를 맞이할 수밖에 없었습니다.

침체된 벤처시장을 활성화하기 위해 이번에는 정부가 발 벗고 나섰고, 2005년 '벤처기업육성에 관한 특별조치법'에 근거하여 한국모태펀드를 결성했습니다. 중소벤처기업부, 문화체육관광부 등으로부터 출자금을 받아 모태조합을 결성했고, 해당 조합은 투자 의사결정 전문기관인 '한국벤처투자'가 관리하는 구조로 운영됩니다. 모태펀드는 한국에서 가장 큰 LPLimited Partners라고 볼 수 있는데, GPGeneral Partners 역할을 하는 국내 VC들은 모태펀드에서 자금을 출자받아 펀드를 결성합니다. 이렇게 결성된 펀드를 통해 GP인 VC가 스타트업에 투자하는 구조인데, LP와 GP에 대한 개념은 2장에서 더 자세하게 얘기해보도록 하겠습니다.

## 그림 2. 모태펀드 운용 구조

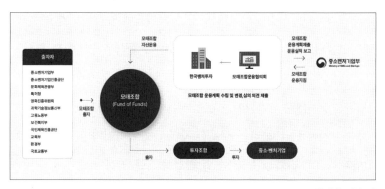

(출처: 한국벤처투자)

다시 본론으로 돌아가면, 국내 VC 시장은 닷컴 버블로 인해 침체기를 맞았으나, 모태펀드와 같은 정부 자금의 유입으로 다시 성장 모드로 들어갑니다. 이런 흐름과 맞물려 '스톤브릿지', '컴퍼니케이', 'DSC인베스트먼트'와 같은 2세대 VC가 등장했고, 이들은 짧은 기간 동안 놀라운 수익률을 기록하며 시장의 절대 강자로 자리 잡았습니다. 정부의 적극적인 지원과 더불어 2000년대 후반부터 시작된 모바일 붐은 2세대 VC들에게는 매우 큰 기회였습니다. '카카오', '배달의민족', '쿠팡', '토스'와 같은 국민 서비스들이 만들어졌고, 모바일 게임들은 국내외에서 엄청난 매출을 기록했습니다. 해당 서비스를 운영하는 스타트업에 투자한 2세대 VC들은 천문학적인 수익을 창출할 수 있었습니다.

2010년부터 2020년까지는 대체투자의 호황기였습니다. 2009년 세계 금융위기 이후 오랜 기간 저금리 기조를 유지했습니다. 저금리가 노멀normal인 시장에서 벤처투자는 기관들에게 매력도가 높은 선택지였습니다. 이런 기조 속에서 2010년대 중반부터 바이오 회사들의 기업가치는 폭등했고, 2010년대 후반부터는 블록체인을 기반으로 하는 크립토Crypto(디지털 또는 가상의 자산, 강력한 암호화 기술을 사용하여 거래를 보안하고 관리)라는 새로운 자산군이 어마어마한 성장세를 보였습니다. 이때 VC들은 또 한 번 퀀텀 점프를 합니다. 동시에 수많은 창업투자회사가 생겼는데, 블록체인 투자 전문 VC인 '해시드'부터 스타 벤처캐피탈리스트들이 창업한 '위벤처스', '뮤렉스' 등이 좋은 예입니다.

2020년을 전후로는 CVC(기업 주도형 벤처캐피탈)들이 많이 등장했습니다. 관련 규정이 완화되면서 국내 주요 대기업들은 자본금을 출자해 VC를 설립했습니다. 신세계그룹의 '시그나이트파트너스'는 2020년 7월 법인 설립이 되었고, LX그룹의 'LX벤처스'는 2023년 6월 공식적으로 론칭했습니다. 금융지주들도 마찬가지입니다. KB인베스트먼트는 업력이 긴 편이지만, '하나벤처스(2018년 설립)', 'NH벤처투자(2019년 설립)', '신한벤처투자(2020년 신한금융그룹 계열 편입)' 등은 비교적 최근에 설립되었습니다.

하지만 2023년의 VC 업황은 한풀 꺾인 모양새였습니다. 코로나 기간 동안 주입된 방대한 유동성과 공급망 이슈는 인플레이션으로 이어졌고, 이로 인해 세계 주요 국가들이 고금리 스탠스를 유지하고 있는 상황입니다(2023년 4분기 기준). 고금리 시대에서는 일반적으로 VC와 같은 대체투자의 매력도는 떨어지게 됩니다. 시장 참여자가 줄어들어 자금이 메마르게 되고, 자금 공급이 원활하지 못하니 스타트업들은 고전하게 됩니다. 가파르게 우상향했던 스타트업들의 기업가치는 2022~2023년 혹독한 조정기를 거쳤습니다.

혹자는 저평가된 매물이 많은 지금의 시장이 VC들에게 좋은 기회라고 얘기하나, 대다수의 VC는 2023년까지는 보수적인 자세를 취했습니다. 2023년 상반기 국내 벤처투자액은 4조 4,000억 원으로 2022년 동기 대비 약 42% 감소했습니다.[6] 2022년에는 42개의 창업투자회사가 신규 등록되었지만, 2023년 9월까지 해당 수치가 13개에 불과했습니다. 반면 뛰어난 회수 레코드와 충분한 실탄을 가지고 있는 대형 VC들은 계속해서 AUM<sup>Asset Under Management</sup>(운용자산 규모)을 늘려 나갔습니다. 시장의 불확실성이 커지다 보니 연기금이나 정책 기관의 자금들도 전통 강자들에게 유입되는 성향이 더 강해지고 있습니다.[7] 빈익빈 부익부라는 표현이 적절해 보입니다.

한국 경제에서 VC의 영향력은 여전히 막강합니다. 2022년 기준 코스닥 신규 상장사 중 약 60%가 VC 투자를 받은 기업이었습니다. 투자 규모도 태동기를 생각하면 분명 드라마틱하게 우상향하고 있습니다. 세상은 빠르게 변하며 기술의 발전은 변화의 속도를 가속화하고 있지만, 그럼에도 불구하고 이런 흐름 속에서 VC는 새로운 변화의 중심에 늘 자리 잡고 있었습니다. 과거 40년이 그러했고 미래의 40년도 크게 다르지 않을 것 같습니다.

------------------------------------------------

[6] 2019년 동기 대비로는 25% 증가한 수치이다(출처: 한국벤처캐피탈협회).
[7] 루키를 위한 자금을 일정 부분 할당하지만 금액의 관점에서 봤을 때는 미니멀한 수준이다.

# TiP 주요 국내 VC 소개

실리콘밸리의 성공을 목격하면서 국내에도 수백 개의 VC가 설립되었습니다. 이 중 인지도가 높은 한국계 VC 몇 곳을 소개하겠습니다.

### 1. 한국투자파트너스

운용액 기준으로 업계 1위를 다투는 국내 최고의 VC 중 하나입니다. 1986년 설립된 한국투자금융지주의 계열사인데 중국과 미국에도 사무실을 운영 중입니다. 긴 업력만큼 훌륭한 회수 레코드를 보유하고 있고, 주요 포트폴리오 회사로는 다음카카오, YG엔터테인먼트, 바디프랜드, 카페24, 리멤버 등이 있습니다. 2021년에는 한국투자엑셀러레이터를 설립하여 초기 투자 비중을 늘리고 소규모 스타트업들에게 포괄적인 지원 프로그램을 제공했습니다.

### 2. IMM인베스트먼트

투자집행 금액 및 운용자산 기준으로 꾸준히 국내 Top 10 안에 들어가는 VC로, 벤처펀드뿐만 아니라 사모펀드 영역에서도 공격적인 투자를 집행합니다. 1999년에 설립되었고 주요 포트폴리오로는 루닛, 오늘의집, 빅히트엔터테인먼트, 쿠팡, 에이피알 등이 있습니다. PE의 존재감이 커서일까요? 초기보다는 중기, 후기 투자를 더 활발하게 집행하는 회사로 인식되고 있습니다. 국내 VC를 대학에 비유하자면 IMM은 단연 SKY에 들 수 있을 것입니다. IMM은 'Korea VC Awards 2023'에서 최우수 펀드상을 받았는데 해당 펀드는 내부수익률IRR, Internal Rate of Return 42.8%를 기록했습니다.[8]

## 3. 스톤브릿지벤처스

2008년 설립된 스톤브릿지캐피탈은 IMM인베스트먼트에서 스핀오프한 VC로, IMM의 파트너 중 한 명인 김지훈 대표가 창업한 회사입니다. 스톤브릿지캐피탈이라는 법인 아래서 PE본부와 VC본부를 나눠서 운영했으나, VC 사업의 규모가 커지면서 별도 자회사로 분리하여 신규 법인을 설립했습니다. 스톤브릿지벤처스의 대표적인 포트폴리오로는 베틀그라운드라는 세계적인 게임을 만든 장병규 의장의 '블루홀(2018년 크래프톤으로 사명 변경)'을 꼽을 수 있습니다. 이외에도 배달의민족을 운영하는 '우아한형제들'과 업비트를 운영하는 '두나무' 투자 등으로 큰 수익을 기록했습니다. 참고로 스톤브릿지는 2022년 Korea VC Awards에서 최우수 운용사로 선정되었습니다.

## 4. 에이티넘인베스트먼트

1988년 설립된 1세대 벤처캐피탈 중 하나인 에이티넘인베스트먼트는 '한국의 조지 소로스'라고 불리는 이민주 회장이 설립한 회사로, 1975년 시작한 조선무역(현 '에이티넘파트너스')을 모태로 합니다. 이 회장은 IMF 외환위기 때 지역 유선방송사를 헐값에 사들여 케이블 업체 씨앤엠C&M을 세운 뒤 2008

---

[8] 대부분의 VC는 여러 개의 펀드를 동시에 운용한다. IMM이 최우수 '펀드'상을 받은 건 하우스에서 운용하는 펀드 중 하나가 압도적인 실적을 기록했기 때문이다. 참고로 2023년 수상을 한 IMM 펀드의 공식 명칭은 'KoFC-IMM R&D Biz Creation 2013-2호 투자조합'이다.

년 약 1조 5,000억 원에 매각했습니다. 이후 개인 자격으로 삼성생명 비상 장주식 등에 투자해 막대한 수익을 기록한 것으로 알려졌습니다. '에이티넘 인베스트먼트'는 2022년에는 암호화폐 거래소 업비트를 운영하는 '두나무' 투자 건 회수를 통해 대규모 성과보수를 수령하며 업계의 큰 화제가 되었습니다. 공시 자료에 따르면 두나무의 담당 심사역인 김제욱 부사장은 2022년에만 약 280억 원의 성과급을 수령했습니다. 참고로, 이민주 회장의 개인회사인 '에이티넘파트너스'는 '에이티넘인베스트먼트'의 지분 33%가량을 소유하고 있습니다(2022년 기준). 창업투자를 메인으로 하는 법인은 '에이티넘인베스트먼트'로 생각하면 되는데, 대부분의 VC와 달리 '에이티넘인베스트먼트'는 하나의 펀드One Fund만 운용한다는 특징이 있습니다. 오랜 업력과 탁월한 회수 레코드가 없다면 구현하기 어려운 전략입니다.

## 5. 프라이머

한국 스타트업의 대부로 인정받는 권도균 대표가 2010년 설립한 국내 최초의 엑셀러레이터입니다. 초기 투자 발굴과 육성을 전문적으로 하는 하우스인데 초기 창업자들이 가장 투자받고 싶어 하는 기관으로 오랜 기간 선정되고 있습니다. 주요 포트폴리오로는 약 3,000억 원에 무신사에 인수된 '스타일쉐어' 등이 있습니다. 프라이머가 믿는 세 가지 가치는 '돈보다 경영', '재능보다 진정성', '경험보다 원칙'입니다. 벤처 1세대인 권도균 대표는 전자지불 업체 이니시스(현 KG이니시스) 등을 창업하여 코스닥에 상장 후 약 3,300억 원의 가치로 매각했습니다. 규모 있는 성공을 경험한 창업자의 관점에서 젊은 스타트업 후배들에게 체계적으로 멘토링해주는 것으로 알려졌습니다.

## 6. 본엔젤스벤처파트너스

크래프톤 창업자인 장병규 의장을 중심으로 설립된 초기 투자 전문 VC입니다. 2007년부터 200개 이상의 회사에 투자했고, 주요 포트폴리오로는 배달의민족을 운영하는 '우아한형제들'과 코스닥 상장사 '뷰노' 등이 있습니다. 2021년에는 역대급 실적을 기록했는데 매출 5,199억 원, 영업이익 4,522억 원의 압도적인 퍼포먼스를 보인 바 있습니다. 투자심사 프로세스가 가장 '린 lean'한 VC 중 하나로 알려질 만큼 창업자들과 스타트업 입장에서 의사결정을 진행하려는 성향이 강합니다.

# VC의 업무 프로세스

이제는 VC의 업무 프로세스를 살펴보겠습니다. VC는 투자 자금을 확보하기 위해 '펀드레이징fund-raising'을 진행합니다. 보통 연기금, 대기업과 같은 기관들이 자금을 출자해주는 경우가 많지만 고액자산가인 개인이 큰 금액을 VC에게 맡기는 사례도 적지 않게 볼 수 있습니다. 이들을 LP라고 총칭하는데, LP들에게 돈을 받아 투자할 수 있는 펀드를 만드는 과정을 펀드레이징이라고 부르는 것입니다. 이런 과정을 통해 투자 재원이 확보되면 그다음부터는 투자할 스타트업들을 발굴하는 업무가 본격적으로 시작됩니다.

VC 심사역들은 저마다 다른 방법으로 투자할 회사들을 발굴합니다. 업계에서는 이 과정을 '딜소싱Deal Sourcing'이라고 합니다. 딜소싱을 위한 가장 일반적인 방법은 지인 추천입니다. 심사역들이 신뢰할 수 있는 제3자를 통해 회사와 커뮤니케이션을 시작하는 것입니다.

**그림 3. VC와 스타트업의 업무 프로세스**

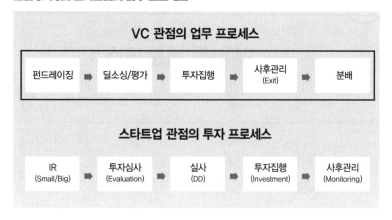

'데모데이Demo Day(스타트업 기업이 투자자들에게 서비스나 제품, 아이디어 등을 소개하는 행사)'도 좋은 창구입니다. 특히 초기 기업들의 경우 데모데이와 같은 외부 IR 행사를 통해 본인들의 사업을 소개하는 경우가 많습니다. '콜드콜Cold Call', '콜드메일Cold Mail'로 연결되는 경우도 종종 있는데, 심사역 본인들이 관심 있는 회사에 직접 전화하거나 메일을 보내는 것입니다. 반대로 창업자들이 먼저 VC에 연락하기도 합니다. 최근에는 '넥스트유니콘'과 같은 플랫폼이나 에이전시를 통해서 스타트업과 전문 투자자들이 연결되는 사례들도 생기고 있습니다.

국내에는 약 1,000~1,500명의 VC 심사역이 있는 것으로 파악되는데, 소수의 인력으로 구성된 시장인 데다 폐쇄적인 성향도 존재합니다. 혹자는 VC 심사역이 '그들만의 리그'에 살고 있다고 표현하기도 합니다만, VC들에게도 어려움이 있습니다. 스타트업 생태계는 지속적으로 확장되고 있지만 이 중 VC 투자를 집행할 만큼 매력도가 큰 회사들은 소수에 불과하기 때문입니다. 딜소싱도, 투자집행도 모두 쉽지 않다는 뜻입니다. 심사역들이 좋은 딜을 발굴해서 투자할 마음이 굳어지면 그때부터는 '내부 투자심사' 프로세스가 이어집니다. 보통 줄여서 '투심'이라고 부르는데 세부적인 과정은 하우스마다 다르지만 대략 다음과 같은 과정을 거칩니다.

**그림 4. VC의 투자 승인 절차 예시**

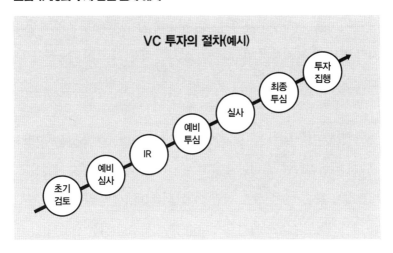

일반적으로 '초기 검토', '예비 심사'는 담당 심사역 또는 해당 딜을 담당하는 딜팀Deal Team이 진행합니다. 이후 딜소싱한 스타트업 대표자를 하우스로 초대해서 회사를 소개할 수 있는 'IR' 자리를 마련

합니다. IR 이후에는 투자를 집행하고자 하는 펀드의 운용인력들을 중심으로 '예비 투심'을 진행합니다. 담당 심사역과 딜팀은 본인들이 투자하고 싶은 스타트업에 대한 심사 보고서를 작성합니다. 보고서에는 일반적으로 '시장개요', '사업개요', '주주 구성', '팀 구성', '주요 투자 포인트', '회수 방안', '리스크 요소' 등이 포함됩니다. 투심에서 논의되는 핵심 내용들은 VC마다 큰 차이가 없지만, 세부적인 방식은 하우스마다 (그리고 투자조합마다) 차이가 있습니다. 예컨대 투심에서 이루어지는 의사결정 방법도 펀드마다 조금씩 다릅니다. 대표펀드매니저[9]가 큰 권한을 가지고 있는 경우도 있고, 운용인력들의 과반 이상의 지지를 받아야만 통과시키는 구조도 있습니다. 투심은 진행하지만 펀드 외 관계자의 입김(예: VC 법인의 오너 등)이 크게 작용하는 사례들도 분명 존재합니다.

투심에서 투자에 대한 의사결정이 이루어지면 8부 능선을 넘었다고 볼 수 있습니다. 하지만 끝은 아닙니다. 투자집행 전에 회계실사, 법률실사 등을 통해 최종 점검을 진행합니다. 예비 투심에서 명확한 의사결정이 이루어지지 않았다면 추가 투심 일정을 잡습니다. 최종 투심에는 LP들이 직접 회의에 참석해서 의견을 개진하기도 합니

------

**9** '대표펀드매니저'는 펀드 운용의 전반적인 책임을 지는 운용인력인데 줄여서 '대펀'이라고 부른다. 이외에도 펀드에서 핵심적인 역할을 하는 심사역들도 존재하는데, 이들은 보통 '핵심운용인력'이 라고 지칭하고 줄여서 '핵운'이라고도 부른다.

다. 모든 과정을 거쳐 오케이 사인을 받으면 계약서에 날인하고 투자금을 집행합니다. 계약서에 들어가는 주요 조항들은 보통 최초 투심 단계 전에 조율합니다. 투자를 집행하는 기관 입장에서는 어떤 조건으로 투자하는지에 따라 해당 딜의 매력도가 달라질 수 있기 때문에 투심에서 함께 논의할 필요가 있습니다. 계약서의 기본 틀은 표준계약서가 많이 활용되며, 표준계약서의 틀 안에서 세부 내용을 조정하는 형태가 많습니다. 투자 계약서에 대한 내용은 4장에서 심도 있게 다뤄보도록 하겠습니다.

투자금을 집행하고 나면 스타트업의 통장에는 해당 금액만큼의 현금이 들어오는데, 대부분의 대표들에게는 무척 신기한 경험입니다. 개인은 쉽게 볼 수 없는 숫자가 통장잔고에 찍히기 때문입니다. 물론 법인의 돈이기 때문에 개인이 결코 함부로 다룰 수 없습니다. 작은 실수도 배임, 횡령으로 연결되기 때문에 스타트업들은 각별히 주의할 필요가 있습니다.[10] 투자가 집행된 이후에는 정기적인 사후관리가 이루어지는데, 사후관리 역시 각 심사역마다, 각 하우스마다 스타일이 다릅니다. 매우 타이트하고 긴밀하게 높은 빈도수로 커뮤

---

10 생각보다 많은 스타트업이 법인의 돈을 개인 돈처럼 사용하는 경우가 있는데 이는 심각한 문제로 귀결될 수 있다. 투자를 유치한 스타트업 대표들과 창업팀이 성취에 도취되어 실수를 하는 경우가 빈번하다. 투자금만 받았을 뿐 아직 명확한 성과를 내지 못한 경우에도 말이다. 이는 도덕적 해이(moral hazard)를 넘어 법률 리스크까지 확장될 수 있음을 반드시 명심해야 한다.

니케이션하는 경우가 있고, 핵심 의사결정에만 참여하고 믿고 기다려주는 사례도 있습니다. LP들에게 보고할 수 있을 정도로만 포트폴리오 회사의 지표를 관리하는 경우도 있고, 마치 회사의 구성원처럼 세부적인 내용까지 같이 논의하는 VC도 있습니다.

어떤 방향이 더 옳은지에 대한 정답은 없습니다. 다만, 명확한 사실은 스타트업에 투자한 VC들은 누구보다 그 회사가 잘되기를 바란다는 점입니다. 그 이유는 회사의 성과가 심사역들의 개인 인센티브[11]와도 연결되기 때문입니다. 결국 VC라는 사업 모델은 투자한 자본을 더 큰 금액으로 회수해야 지속 가능한 구조입니다. 선의로만 벤처투자가 이루어질 수는 없다는 뜻입니다. VC 사이클에서 '회수Exit'는 매우 중요한 부분입니다. 관련해서는 3장에서 더 깊이 있게 다뤄 보도록 하겠습니다.

---

**11** 심사역들의 개인 인센티브에 대한 내용은 2장에서 짤막하게 언급했으니 궁금한 독자들은 참고해 주시길 바란다.

# 벤처투자자의 딜소싱

앞에서는 VC의 투자 과정을 살펴봤습니다. 어느 단계 하나도 쉬운 부분이 없지만, VC로서 특히 어렵고 중요한 일 중 하나는 바로 '딜소싱deal sourcing(투자처 발굴)' 업무입니다. 상장되어 있는 주식들의 경우 언제든지 거래가 가능하지만, VC들이 투자하는 비상장회사들은 경영진과 기존 주주들의 동의가 있어야 투자가 가능합니다. 그렇기 때문에 좋은 딜을 발굴하고 투자 룸을 확보하는 것은 매우 어렵고 중요한 일입니다.

필자의 경우 동남아시아 슈퍼앱인 그랩에 투자하기 위해 다양한 루트를 통해 검토를 진행했습니다. 일단 예일대 MBA 동문이자 절친인 브라이언 리미아디Brian Limiardi를 찾아갔습니다. 그는 인도네시아 출신이지만 미국에서 학부를 졸업한 후 골드만삭스를 거쳐 자카르타에서 가족 사업을 넘겨받아 운영하고 있었습니다. 동남아시아 지역 네트워크가 무척 좋았고, 그랩과 이해관계가 없기 때문에 정확한 피드백을 줄 수 있는 지인이었습니다. 또한 브라이언의 소개로 동남아 스타트업 업계에서 활동하고 있는 여러 창업자를 직접 만날 수 있었고, 그들과의 대화를 통해서 몇 가지 핵심 인사이트를 얻을 수 있었습니다.

일단, 브라이언과 같이 최고 수준의 교육을 받은 젊은 인재들이 스타트업으로 몰리고 있다는 사실입니다. 과거 이들은 모국으로 돌아오지 않고 미국이나 홍콩 같은 곳에서 일을 하는 경우가 많았습니다. 하지만 시장의 성장을 누구보다 잘 알고 있는 이 젊은 인재들은 큰 망설임 없이 집으로 돌아와 적극적으로 스타트업 업계에 참여하고 있었습니다.

시장의 흐름을 읽을 수 있는 지표는 여러 가지가 있습니다. 정량적인 평가도 있고 정성적인 평가도 있을 것입니다. 필자가 개인적으로 선호하는 기준점은 바로 '사람'입니다. 주변 지인 중에 제일 똑똑하다고 생각하는 친구들이 어디로 이동하는지 주의 깊게 보는 편입니다. 동남아 시장에 대한 평가도 마찬가지입니다. 지역을 평가할 수 있는 데이터가 무척 많지만 결국은 핵심 인재들이 이곳을 어떻게 바라보는지가 중요한 것입니다. 이런 맥락에서 동남아 시장은 매력도가 무척 높았습니다. 특히 좋은 인력들이 몰리고 있는 스타트업 업계는 더욱 그러했습니다.

또 한 가지 인사이트는 바로 대화 속에서 '그랩'과 '고젝'이라는 회사가 반복적으로 언급되었다는 것입니다. VC 관점에서 동남아 시장을 봤을 때 큰 두려움 중 하나는 바로 '엑시트'에 대한 가능성이었습니다. 아무리 좋은 회사여도 투자자는 엑시트를 하지 못하면 돈을 벌 수 없습니다. 미국, 한국과 같은 나라들을 보면 이미 성숙한 시장이기 때문에 성장 가능성 자체는 동남아만큼 높지 않지만, VC 입장에서는 투자하기 조금 더 수월한 부분이 있습니다. 회수 사례도 많고, 회수를 위한 다양한 엑시트 채널이 있기 때문입니다. 반대로 동남아는 '금융시장의 불완전성' 등으로 인해 상당한 디스카운트 discount를 받아왔습니다.

하지만 그랩과 고젝의 등장은 게임의 판도를 바꿔놓고 있었습니다. 동남아 어디를 가도 초록 헬멧을 쓰고 있는 그랩과 고젝의 드라이버들을 볼 수 있었고, 거리는 이들의 택시로 가득했습니다. 동남아시아 스타트업이 유니콘을 넘어 데카콘으로 갈 수 있음을 사방 곳곳에서 목격한 것입니다. 특히 2018년 우버 합병을 기점으로 그랩의 시장 점유율은 압도적이라는 느낌이 들 정도로 성장했습니다. 또한 차량공유 플랫폼을 통해 확보한 데이터와 고객 접점을 활용하여 전개할 수 있는 후속 사업들이 너무 많았습니다(배달, 금융 사업이 대표적인 예).

그랩은 슈퍼앱으로 인정받을 만한 자격이 있었습니다. 인도네시아, 싱가포르 방문을 통해 그랩에 투자하고 싶은 마음이 '물음표'에서 '느낌표'로 바뀌었습니다. 이때부터 본격적으로 투자 룸을 받을 수 있는 방법에 대한 고민을 시작했습니다. 그랩은 이미 시장에서 인기가 많아서 투자자들이 줄을 서서 번호표를 받고 있던 상황이었기 때문입니다. 필자는 여러 네트워크를 모두 가동했습니다. 미국 유학생 출신이 그랩에 많이 있다는 사실을 알았기 때문에 지인들에게 아는 사람이 있으면 소개해달라는 이야기를 여기저기 하고 다녔습니다. 그리고 그랩의 기존 투자사 담당자를 통해 그랩의 실무진을 연결받고 그랩의 실무진을 만났습니다. 싱가포르 본사를 직접 방문하고 여러 번 온라인 미팅을 진행하면서 그랩 담당자들과 커뮤니케이션했습니다.

이런 노력들이 더해져 감사하게도 투자 룸을 확보할 수 있었지만, 필자가 과거에 근무한 회사에서는 투자를 집행할 수 없었습니다. 내부에서 강력한 반대 의견이 있었기 때문입니다. 대표님께서 적극적으로 도와주셨지만 필자의 역량 부족으로 사내 공감대를 형성하지 못했고, 결국에는 딜을 드롭drop할 수밖에 없었습니다. 하지만 포기하지는 않았습니다. 그랩이라는 회사에 대한 믿음이 컸기 때문입니다. 결국 이후에 신세계에서 만든 CVC인 시그나이트파트너스의 1호 전문심사역Investment Director으로 조인했고, 이후 경영진의 큰 지원을 받아 그랩에 투자를 집행할 수 있었습니다.

이후 그랩은 약 40억 달러(한화 약 45조 원)의 기업가치를 인정받고 역대 최대 규모의 스팩 상장을 통해 미국 나스닥에 데뷔하는 데 성공했습니다. 딜소싱, 투자집행, 그리고 회수라는 하나의 큰 사이클을 경험하면서 비상장 스타트업에 대한 투자가 참 쉽지 않다는 것을 다시 한번 느끼게 되었습니다. 좋은 회사를 발굴하여 투자까지 마무리하는 것 자체도 어렵고, 투자 이후에도 회사가 극복해야 하는 내·외부 변수가 너무 많기 때문입니다. 결국에는 참 '운'이라는 것도 중요할 수밖에 없다는 생각이 듭니다. 실제로 실리콘밸리에서도 스타트업의 성공 확률은 1%에 불과합니다. 그렇기 때문에 VC라는 업의 본질이 '실패의 확률을 줄이는 행위'라는 나름의 철학이 생겼습니다.

다행히도 우리는 과거 선배들의 사례를 통해 실패의 확률을 줄일 수 있는 여러 방법을 학습할 수 있었습니다. 회사가 속한 시장의 크기와 성장성을 보고, 창업팀이 풀려는 문제와 그 문제를 풀 수 있는 경영진의 역량을 검토하는 전략이 대표적인 예입니다. 여기에 더해 회사가 얼마나 빨리 스케일업scale-up할 수 있고, 성장을 만든 이후에는 높은 시장 점유율을 얼마나 오랜 기간 지속sustain할 수 있을지를 살펴봅니다. 그리고 플랫폼의 경우 이를 증빙할 수 있는 여러 가지 정량적인 지표(거래액 성장 추이, 반복 구매율, 평균 객단가 추이, 월 순방문자 수 추이 등)를 검토합니다.

그랩의 케이스를 살펴보면 이런 '체크리스트'들이 교과서처럼 맞아떨어진 사례였습니다. 결과론적인 얘기일 수 있지만 그랩은 그만큼 매력적인 스타트업이었습니다. 이제 초점은 회사가 '얼마나 높이 비상할 것이냐'에 맞춰지고 있습니다. 나스닥에 상장되어 있는 또 다른 동남아시아 기업 '씨 리미티드Sea Limited'는 이미 100조 원의 시가총액을 돌파한 바 있습니다. 2022~2023년 금리 상승 등의 이유로 주춤하고 있지만, 중장기적으로 봤을 때는 여전히 매력도가 높습니다. 그랩의 엔드 픽처end picture는 어떤 모습일까요? 회사의 비상장 단계부터 함께한 VC로서 기대감을 숨기기 무척 어렵습니다.

# 엑셀러레이터(Accelerator)와 사모펀드(Private Equity)

스타트업 관계자분들이 필자에게 자주 하는 질문이 몇 가지 있습니다. 그중 하나가 바로 이번 섹션의 주제입니다. 일단 주요 개념을 정리해보겠습니다.

**표 3. 각 섹션의 개념**

|  | AC | VC | PE |
|---|---|---|---|
| 정식 명칭 | Accelerator | Venture Capital | Private Equity |
| 주요 투자 단계 | 극초기, 초기 | 초기, 중기 | 중기, 후기 |
| 투자 금액(소/중/대) | 소 | 중 | 대 |
| 투자 대상 | 비상장 | 비상장, 상장 | 비상장, 상장 |
| 포트폴리오 수 | 많음 | 많음 | 적음 |
| 지분율 | 소수 지분 | 소수 지분 | 경영권, 소수 지분 |

AC, VC, PE를 구분할 수 있는 가장 좋은 방법은 '투자 단계Stage'입니다. AC는 창업한 지 얼마 안 된 극초기 기업을 대상으로 투자하는 경우가 많고, 반대로 PE는 어느 정도 성숙 단계에 진입한 기업들을 대상으로 투자를 집행합니다. VC는 AC와 PE의 중간이라고 보면 되는데 최근 몇 년간 동향을 보면 VC는 더 뒷단(후기)으로 가는 모양새이고, PE는 더 앞단(중기)으로 넘어오면서 경계가 다소 모호해지고 있습니다.

'티켓 사이즈Ticket Size(건당 투자 금액)'를 살펴보면 AC는 보통 5,000만~2억 원 사이로 측정됩니다. 막 창업한 스타트업들은 평가할 수 있는 지표가 제한적이다 보니 밸류에이션[12]도 톱다운Top-down 형식으로 정하는 편입니다. 국가마다 차이가 있는데 국내의 경우 보통 5억~10억 원 범위 안에서 기업가치가 산정됩니다. VC는 티켓 사이즈가 당연히 더 큽니다. 금액으로 따지면 5억~200억 원 수준입니다. 범위가 큰데 초기 단계에 대한 투자에서는 자연스럽게 금액이 줄어들고 후기로 갈수록 커집니다. 기업가치 기준으로는 보통 20억 원 이상으로 측정되는 회사들에 투자합니다. PE 투자는 규모가 큰데, 수백억 단위에서 시작해서 조 단위까지 금액이 넘어가는 경우도 있습니다.

AC, VC, PE 모두 비상장회사에 대한 투자를 주로 합니다. 다만 VC와 PE의 경우 상장사에 대한 투자도 진행합니다. 국내 VC의 경우 상장사에 대한 투자가 제한적이었으나 최근에는 조직 내 '그로스Growth'팀을 만들어 성숙 단계에 들어가기 직전인 회사에 대한 투자를 늘리고 있습니다. 해외의 경우 페이팔 등을 투자해 잘 알려진 BRVBlue Run Ventures[13]도 벤처투자로 평판이 높지만, 회사는 2023년 국내 바이오 상장사인 '메지온Mezzion'에 500억 원 규모의 투자를 집행한 바 있습니다.

(예외적인 사례들이 있지만) 기본적으로 AC와 VC는 PE보다 기대수익률이 높

--------------------------------------------------------------------------------

**12** 특정 기업의 가치를 평가하는 프로세스를 의미한다. 스타트업 밸류에이션에 대한 내용은 이 책의 3장을 참고 바란다.

**13** 고 구본무 LG 회장의 사위인 윤관이 회사의 파트너/대표를 맡고 있다.

습니다. 높은 리스크를 감수하되 그에 상응하는 고수익을 원합니다. 예컨대 10개 회사에 투자했다고 가정하면 이 중 1~2개는 10배 이상의 수익률을 기대합니다. 반대로 나머지 7~8개 회사에 대해서는 원금 수준의 회수 또는 투자금 전액 상각[14]도 감수한다는 뜻입니다. 그만큼 VC와 AC들은 더 많은 스타트업에 투자를 집행합니다. 국내 대형 VC들의 경우 매년 관리하는 포트폴리오의 숫자가 100개를 넘는 경우가 많습니다. 반면 PE의 경우 기대수익률이 2.5~3배 수준으로 제한되는 편입니다. 대신 그만큼 철저하게 리스크 관리를 진행합니다. 현금흐름이 예측 가능한 회사를 선호하고, 위험도가 높은 초·중기 스타트업을 피하는 이유이기도 합니다. 펀드에 담는 포트폴리오의 수도 적은 편으로, 불확실성이 낮은 소수의 딜에 집중하는 성격이 강합니다. AC, VC가 회사의 지분 일부만 가져오는 구조인 반면, PE는 확실하게 경영권까지 가져오는 투자 구조가 많습니다.

결국 이들은 비슷한 업을 영위하는 투자사라고 볼 수 있으나, 집중하고 있는 단계와 바라보는 리스크의 관점에 따라 이처럼 구분된다고 할 수 있습니다. VC는 실패를 용납할 수 있는 구조지만 PE는 실패에 단호합니다. VC는 큰 시장의 흐름을 보고 움직이지만 PE는 철저하게 숫자를 기반으로 의사결정이 이루어집니다.[15]

---

**14** 투자를 집행한 회사가 파산 등의 이유로 인해 투자금 회수가 불가해지면 VC는 해당 금액을 회계 장부에서 상각 처리한다.

**15** 앞에서 언급한 관리보수의 경우 VC는 통상적으로 결성된 펀드의 2% 정도를 수령하는 반면, PE는 1~2%를 수령하는 케이스가 많다.

# 2장

## GP와 LP

2장을 시작하겠습니다. 1장에서는 VC에 대한 전반적인 내용을 핵심적인 부분만 정리해봤습니다. 중간중간 필자의 개인 의견도 넣었는데 생태계를 이해하는 데 더 도움이 되기를 바랍니다. 이번 장에서는 앞서 언급한 VC 산업의 양대 주체인 'LP'와 'GP'에 대해서 더 디테일하게 얘기해보고자 합니다. 글로벌하게 통용되는 모델이지만 한국 독자들을 대상으로 집필한 책인 만큼 세부적인 내용은 국내 시스템에 포커스를 맞춰 설명을 이어가도록 하겠습니다.

왜 GP는 GP이고, LP는 LP일까요?
1장에서 말했듯이 LP는 'Limited Partners'의 약자로 자본을 제공하는 투자자를 지칭합니다. GP는 'General Partners'의 약자로, LP에게 돈을 받아 투자를 집행하는 주체입니다. 현재의 LP와 GP 구조는 미국 실리콘밸리에서 시작되었습니다. VC들이 펀드 형태로 자금을 모아 좋은 기업에 투자하고, 이 과정에서 펀드를 운용하는 GP인 VC들이 '관리보수'와 '성과보수' 형태의 운용 수수료를 받으면서 시스템이 자리 잡았습니다. GP 역할을 하는 VC는 펀드 결성 총액의 약 2%가량을 매년 관리보수로 받고 초과 수익에 대한 약 20%를 성과보수로 수령합니다.[16]

---

16 수익 구조 및 분배에 대한 세부 내용은 '01. VC의 수익 구조'에서 살펴보도록 하자.

**그림 5. 펀드의 운용 구조**

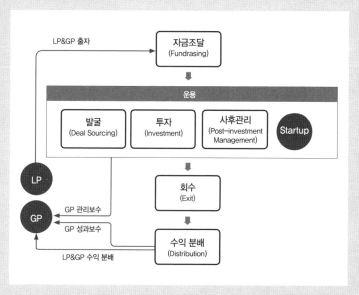

(출처: 스타트업 투자유치 전략)

LP와 GP의 가장 큰 차별점은 책임의 범위에 있습니다. LP는 펀드 결성 시 가장 많은 자본을 제공하는 주체입니다. 국내 벤처법상 GP는 펀드의 1%에 해당하는 금액만 출자해도 되고, 실제로 상당수의 VC가 최소 금액만 펀드에 공급하고 있습니다. 운용은 GP가 하지만 돈이 없으면 투자할 펀드를 만들 수 없으니 LP의 중요도가 더 높을 수밖에 없습니다. 돈도 많이 쓰는데 리스크까지 동일하게 짊어지면 이런 구조는 성립될 수 없습니다.

그래서 현재의 LP-GP 모델에서는 LP가 짊어져야 하는 책임을 최소화했습니다. 구체적으로 말하자면 LP가 감내해야 하는 손실은 투자한 자본을 초과하지 않는 범위로 '제한Limit'됩니다. 반면 GP의 경우 투자와 펀드 운용에 대한 무제한적이며 포괄적인 책임을 져야 합니다. 이는 자본 외의 유·무형 자산에도 손실이 발생할 수 있음을 뜻합니다. 단, LP는 투자에 대한 의사결정에 직접적으로 참여하지 않음을 기본으로 하는데, GP에게 큰 역할과 책임을 동시에 부여하는 것입니다.

예를 들어보겠습니다. 2022년 가상화폐 테라-루나 폭락 사태로 시장이 들썩였습니다. 이때 핵심 관계자 중 한 명으로 간편결제 서비스인 '차이Chai'의 신현성 대표가 지목되었습니다. 테라-루나의 창업자는 권도형Do Kwon이지만 해당 사업에 신현성 대표가 긴밀하게 연결되어 있었다는 것입니다. 검찰은 신현성 대표를 소환 조사하면서 테라-루나 폭락 시 부당이득을 취했다는 혐의로 기소했습니다.[17] 주목할 만한 점은 이 과정에서 신현성 대표의 '차이'에 투자한 일부 VC 심사역들도 검찰 참고인 조사를 받았다는 점입니다. 흔치 않은 사례이지만 투자를 집행하는 VC들도 시장에서 발생하는 이슈에 대해 책임을 질 수 있음을 테라-루나 케이스를 통해서 확인할 수 있었습니다. 하지만 '제한적인' 책임만을 가지고 있는 LP들의 경우 해당 사건으로 인해 데미지를 입지 않았습니다. 투자조합은 이들의 손실 범위를 '펀드에 투자한 금액 이내'로 명시했기 때문입니다.

이런 협력 구조를 통해 GP는 연기금, 글로벌 기업 등을 LP로 초대할 수 있었습니다. 좋은 LP들이 모이면서 펀드의 규모는 커졌고, 이를 통해 GP는 좋은 스타트업에 대한 투자 기회를 더 확보했습니다. 더불어 펀드 결성 총

---

**17** 신현성 대표는 권도형 대표와 함께 테라-루나 발행사인 테라폼랩스를 공동 창립했는데 이때 신현성 대표가 테라의 설계에 결함이 있다는 사실을 알면서도 투자자들에게 이를 알리지 않은 채 운용한 혐의를 받았다.

액의 일부를 매년 관리보수로 사용할 수 있었기에 안정적인 운용도 가능해졌습니다. LP 입장에서는 실력 있는 GP를 만난다면 직접 투자와 달리 큰 법률적·사회적 리스크 없이 높은 수익률을 얻을 수 있었습니다. 자연스럽게 훌륭한 회수 레코드를 가진 VC와 심사역들에게 더 많은 LP가 모집되면서 선순환 사이클을 만들었고, 이는 시장의 가파른 성장으로 이어졌습니다. 그러면서 실리콘밸리에서는 안드리센호로위츠, 세콰이어캐피탈과 같은 글로벌 VC들이 다수 등장했고, 국내에서도 실리콘밸리식 모델을 도입하면서 1장에서 언급한 유수의 벤처캐피탈들이 탄탄하게 자리 잡게 되었습니다.

# VC의 수익 구조

투자를 하려면 당연히 돈이 있어야 합니다. 신문을 보면 "XX 벤처캐피탈이 1,000억 원 규모의 펀드를 결성했다"와 같은 기사를 종종 확인할 수 있습니다. 여기서 1,000억 원은 투자회사의 돈이 아닙니다. 회사마다 편차가 있지만 보통 5~15% 수준입니다.[18] 앞서 잠시 언급했듯이 국내 벤처투자법상 VC가 의무적으로 출자해야 하는 출자금의 비율은 1%인데, 실제로 1%만 출자하는 VC가 적지 않습니다. 이를 감안하여 여유 있게 대략적으로 10%를 가정하면 1,000억 원 중에 적어도 900억 원은 외부에서 받아와야 한다는 뜻입니다.

---

**18** 2022년 기준 주요 GP들의 출자 비율은 다음과 같다. LB인베스트먼트 6.3%, 캡스톤파트너스 6%(2023년 6월 기준), 다올인베스트먼트 16.7%, KB인베스트먼트 30.5% (출처: 딜사이트)

1,000억 원 중 900억 원의 자본을 가져오는 과정을 업계에서는 '펀드레이징Fund-raising'이라고 합니다. 그리고 여기서 900억 원의 자본을 출자하는 주체를 우리는 LPLimited Partners라고 칭하고, 결성된 1,000억 원의 펀드를 운영하는 주체를 GPGeneral Partners로 정의합니다. LP 역할을 하는 대표적인 주체로는 큰 자금을 운용하는 연기금 등이 있고, GP 역할은 VC가 한다고 생각하면 됩니다.

그렇다면 이 1,000억 원의 펀드에는 LP와 GP라는 2개의 큰 이해관계자가 있다는 뜻인데, 이들은 어떤 방식으로 이익을 분배할까요? 일반적으로 LP와 GP는 '2% & 20%' 룰에 기반하여 수익을 나눕니다. 사전적 정의보다는 숫자로 설명하는 게 더 이해가 빠를 것 같습니다. 다시 앞의 예시로 돌아가 봅시다. 1,000억 원의 펀드가 결성되었다고 가정한다면 GP인 VC는 1,000억 원의 2%에 해당하는 금액인 20억 원을 관리보수로 매년 수령합니다. 그리고 이 펀드를 잘 운영해서 5년 후 청산 시점에서 펀드가 1,500억 원까지 증가했다고 가정해봅시다. 그렇다면 총수익은 '1,500억-1,000억 원'으로 금액은 500억 원이 됩니다. 500억 원의 수익을 만들었다고 가정하면, 이 중 20%인 100억 원을 GP인 VC가 수령하고, 나머지 80%인 400억 원을 LP가 원금과 함께 수령하는 구조가 '2% & 20%' 룰의 기본 골자입니다.

**그림 6. VC의 수익 구조: 2/20 룰**

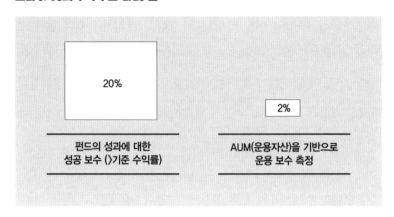

|  |  |
|---|---|
| 20% | 2% |
| 펀드의 성과에 대한 성공 보수 ()기준 수익률) | AUM(운용자산)을 기반으로 운용 보수 측정 |

이와 같은 '보수 구조fee structure'는 전 세계에서 가장 일반적으로 통용되는 모델입니다. 펀드의 성격과 규모에 따라 숫자가 조정될 수 있으나 2/20을 베이스로 얘기하는 경우가 대부분입니다. 실제 사례와 한 가지 다른 점이 있다면 보통 펀드를 결성할 때 LP들은 특정 수준의 '기준 수익률Hurdle rate'을 함께 설정합니다. 앞의 사례에서 봤을 때 초과 수익인 500억 원을 기준으로 성과보수를 분배하는 것이 아니라, 기준 수익률을 초과한 수익에 대해서만 GP에게 20%를 나눈다는 뜻입니다.

예를 들어 기준 수익률을 4%로 설정했다면, 펀드 결성 총액인 1,000억 원의 4%인 40억 원이 매년 기준 수익이 되고, 5년 복리 기준이면 대략적으로 약 200억 원이 되는 것입니다(예시를 단순화하기 위해 금액을 하향 조정했는데 정확한 금액과 계산법은 아래 주석을 참고[19]). 그렇다면 기준 수익을 초과하는 수익은 500억-200억=300억 원이고, 성과보수는 300억 원×20%에 해당하는 금액인 60억 원으로 결정됩니다. 기준 수익률이 없는 첫 번째 예시에서는 100억 원의 성공 보수를 GP인 VC가 수령하지만, 두 번째 예시에서는 60억 원 수준으로 줄어듭니다. 직관적으로 GP에게 불리한 구조임을 쉽게 알 수 있습니다.

그럼에도 불구하고 펀드를 결성하기 위해서는 LP의 참여가 가장 우선순위가 높기 때문에, GP들은 LP의 리스크를 낮춰줄 수 있는 여러 가지 장치를 고민할 수밖에 없습니다. 일반적으로 벤처투자자조합에서는 7~8% 수준의 기준 수익률을 요구하는데, 필자가 과거 핵심운용인력으로 참여했던 모 펀드에서는 기준 수익률을 3% 수준으로 설정한 사례도 있었습니다.


정리해보면, VC의 수익 구조는 크게 관리보수와 성과보수로 구성되어 있습니다. 관리보수는 불확실성이 작은 상수에 가깝고, 성과보수는 불확실성이 큰 변수로 볼 수 있습니다. 둘 중 우선순위를 설정하기는 어렵지만, 다수의 VC 경영자는 안정적인 사업 운용을 위해 펀드 사이즈를 키우고, 이를 통해 확실한 영업수익을 확보하는 데 많

---

**19** 위 예시에서 기준 수익률 기준 회수 금액=(펀드 규모 1,000억 원)×(1+0.04)^(회수기간 5년)=약 1,217억 원으로 계산할 수 있다.

은 노력을 기울입니다. 물론 LP들은 투자를 잘해왔던 GP를 더 신뢰할 수밖에 없습니다. 그렇기 때문에 GP 입장에서는 투자를 잘해야지 큰 규모의 펀드를 만들 수 있는 확률이 높아집니다. 달걀이 먼저냐, 닭이 먼저냐의 문제인 것입니다. 하지만 펀드 규모가 크면 그만큼 더 많은 투자를 할 수 있고, 더 많은 투자를 할 수 있다는 것은 성공의 찬스가 상승한다는 뜻이기도 합니다.

그래서일까요? 필자가 만난 대다수의 국내외 VC 경영자는 펀드를 만들고 관리하는 능력에 더 높은 가치를 부여하는 성향이 큰 편이었습니다. 이제는 한국의 VC들도 조 단위의 자산을 관리하는 사례가 속속 등장하고 있습니다. 1조 원 기준으로 2%의 관리보수는 매년 200억 원입니다. 인건비가 비용의 대부분인 VC의 사업 모델을 고려하면 무척이나 매력적인 숫자입니다.

# 펀드 수익률은 IRR?

VC 업계는 가장 자본주의적인 성향이 강한 생태계입니다. 자본도 그냥 자본이 아닌 '모험자본Venture Capital'이고 워낙 큰 기업가치가 VC 투자로 인해 창출되고 있으니 그럴 수밖에 없을 것입니다. 그렇다 보니 VC들에 대한 평가도 철저하게 숫자를 바탕으로 이루어집니다. 정성적인 가치들도 중요하지만 결국 VC를 평가하는 건 수익률이라는 지표로 귀결될 수밖에 없습니다.

그럼 VC들은 어떤 방식으로 수익률을 계산할까요?

가장 직관적인 방법은 '멀티플Multiple'을 사용하는 것인데, 펀드의 총수익을 총투자 금액으로 나누면 됩니다. 예컨대 1,000억 원을 투자했는데 2,000억 원이 되면 멀티플은 2배가 됩니다(보통 '배' 대신 'X'를 쓰는데 2배일 경우 2X라고 표기). 멀티플의 가장 큰 장점은 직관적이라는 점입니다. 멀티플이 높을수록 투자를 잘한 것입니다. 반면, 멀티플에서는 시간의 가치, 즉 펀드의 운용기간이 반영되지 않아 현재의 가치를 판단하기 어렵습니다. 예컨대 똑같은 2배를 벌었어도 회수하는 데 3년이 걸리는 것과 6년이 걸리는 것은 큰 차이가 있습니다. 당연히 투자 관점에서는 빨리 회수할 수 있는 전자가 좋습니다.

이런 문제점을 해결해준 수익률 지표가 바로 'IRRInternal Rate of Return(내부수익률)'입니다. VC 관련 기사를 찾아보면 하우스에서 운용하는 펀드의 수익률을 IRR 기준으로 얘기하는 경우가 많습니다. IRR의 사전적 정의는 '투자의 현재가치와 수익의 현재가치를 동일하게 만드는 수익률'입니다. 이렇게만 보면 무슨 말인지 이해하기 어렵습니다. 예시를 살펴보시죠.

**S펀드(3년짜리)**
**1년: 100만 원**
**2년: 200만 원**
**3년: 1,000만 원(원금)+300만 원**

**S펀드의 IRR(내부수익률)?**

S라는 펀드가 있습니다. 투자 원금은 1,000만 원이고 3년 후 만기가 됩니다. 1년 차에는 100만 원의 현금이 들어오고, 2년 차에는 200만 원이, 3년 차에는 원금과 함께 300만 원이 추가로 들어옵니다. 이럴 경우 S펀드의 내부수익률은 다음과 같이 계산할 수 있습니다.

$$1,000 = \frac{100}{1+r} + \frac{100}{(1+r)^2} + \frac{1,300}{(1+r)^3}$$

$$R \approx 19\%$$

이와 같은 식을 세우고, 이 식을 충족시켜주는 r값을 구하면 IRR이 됩니다. 이 예시에서 IRR은 약 19% 정도로 계산됩니다. 우리는 왜 이 r값을 복잡하게 '내부수익률'이라고 부르는 걸까요? 그 이유는 '현재의 투자액'과 '미래의 유입액'을 알고 있을 경우 '내부에 숨어 있는 수익률'을 구해낸다는 뜻을 내포하고 있기 때문입니다. IRR로 수익률을 계산할 경우 식에서 확인할 수 있듯이 (멀티플과 달리) 시간의 가치를 반영할 수 있습니다. IRR은 투자에서 회수까지 걸리는 시간이 길수록 값이 작아집니다.

시간의 가치를 평가할 수 있다는 점 외에도 수익률을 더 직관적으로 이해할 수 있다는 장점도 있습니다. 다음 예시를 살펴보겠습니다.

> **1. 2,000만 원 2,500만 원 회수**
>
> **2. 2,500만 원 3,000만 원 회수**
>
> **3. 5,000만 원 5,600만 원 회수**

이렇게만 보면 1번, 2번, 3번 중 어떤 투자가 가장 매력적인지 판단하기 어렵습니다. 하지만 이 숫자를 다음과 같이 IRR로 계산하면 더 명확하게 수익률을 판단할 수 있습니다.

> **1. 2,000만 원 2,500만 원 회수**
>
> **R= 25%**
>
> **2. 2,500만 원 3,000만 원 회수**
>
> **R= 20%**
>
> **3. 5,000만 원 5,600만 원 회수**
>
> **R= 12%**

금액으로만 알 수 없던 차이점을 IRR을 계산하면 더 확실하게 파악할 수 있음을 볼 수 있습니다.

VC 업무를 하다 보면 IRR을 아주 많이 계산하게 됩니다. GP도 그렇고 LP도 마찬가지입니다. 다음은 펀드 제안서 작업을 진행할 때 작성해야 하는 엑셀 파일의 예시입니다. 별표로 표시한 부분을 보면 IRR을 기입하라고 나옵니다. 조금 과장되게 표현하자면 숫자가 핵심인 이 시장에서 IRR을 모르면 아무것도 할 수 없습니다.

### 그림 7. 펀드 제안서 작성 엑셀 파일

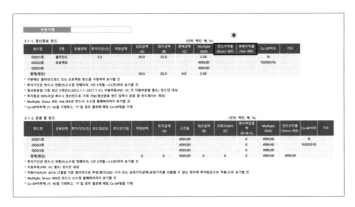

# 심사역들의 인센티브

앞장에서는 GP인 VC의 수익 구조에 대해서 알아봤습니다. 그러면 VC에서 투자 업무를 담당하는 심사역Venture Capitalist들은 투자 성과에 대한 이익을 어떤 방식으로 공유받을까요? 많은 독자가 궁금할 내용일 것 같습니다.

성과급 분배 방식은 하우스마다 다르지만 일반적으로 성과보수[20]의 50%가량을 실무자들에게 분배하고 나머지 50%는 회사가 가져가는 구조입니다. 이 중 임원(파트너)들의 몫과 관리팀 등의 몫으로 절반가량을 할당하는데, 이후 남은 금액을 담당 심사역들이 수령한

---

**20** 앞 섹션에서 설명했듯이 일반적으로 기준 수익률 초과금의 20%를 GP인 VC가 수령한다. 영어로는 '캐리(Carry)'라고 표현한다.

다고 생각하면 됩니다. 예를 들어 기준 수익률 5%인 500억 원 규모의 펀드에서 8년 뒤 약 2배인 1,000억 원으로 조합을 청산할 경우, IRR은 약 9%이고 기준 수익률을 초과하는 금액은 대략 260억 원입니다. 초과 금액의 20%인 약 52억 원가량을 VC가 가져오면 이 중 50%인 26억 원가량이 회사에 귀속되고, 나머지 26억 원을 구성원들에게 분배합니다. 이 금액 중 절반을 파트너들과 관리팀 등이 가져간다고 가정하고, 심사역 한 명이 절대적으로 기여도가 높은 상황이라면 개인이 10억 원 이상을 인센티브로 가져갈 수 있습니다(이해를 돕기 위해 최대한 단순화한 예시이니 참고하기 바랍니다).[21]

실제로 국내에서는 10억 원가량의 인센티브를 수령하는 심사역들은 매년 반복적으로 나오고 있고, 최근에는 100억 원 이상의 인센티브를 수령하는 케이스도 종종 볼 수 있었습니다. 국내 심사역들의 숫자가 1,000명 정도라는 점을 고려하면 나쁘지 않은 확률입니다. 하지만 모든 것이 마냥 좋지만은 않습니다. 애매모호한 성과급 책정 기준 등의 이유로 심사역과 회사가 진흙탕 싸움을 하기도 합니다.

--------------------------------------------------------------------

**21** 보통 펀드를 운용할 경우 여러 명의 심사역이 투자에 참여하게 되는 경우가 많아서 실제로 셈법은 조금 더 복잡하다. 담당한 업무에 따른 기여도도 다르다. 보통 투자한 회사를 발굴한 '딜소싱' 업무 기여도가 약 50% 수준이고, 심사와 사후관리의 합이 20~30%, 대표펀드매니저와 핵심운용인력이 약 10%, 나머지는 대표이사의 재량으로 기타 투자인력에게 부여한다. 예를 들어 10억 원의 성과급이 발생하면 딜소싱한 인력이 절반에 해당하는 금액인 5억 원 정도를, 투자심사와 사후관리를 담당한 인력이 3억 원 정도를, 기타 주요 인력이 2억 원가량을 수령한다고 볼 수 있다.

소송전도 있었습니다. 임지훈 카카오벤처스 전 대표가 카카오를 대상으로 두나무(암호화폐 거래소 업비트 운영사) 투자에 대한 성과급 소송을 제기했습니다. 1심은 회사의 손을 들어줬으나 임지훈 대표는 바로 항소했습니다. 엄청난 수익률을 기록한 '크래프톤(전 블루홀)' 투자 과정에서도 비슷한 이슈가 있었습니다. 벤처캐피탈 케이넷은 크래프톤에 초기 투자를 집행하면서 9년 만에 약 43배 수익을 기록했지만, 담당 심사역과 성과급 지급에 대한 문제로 소송이 진행되어 대법원까지 올라간 바 있습니다.

성장통을 겪고 있지만 국내 VC들의 성과보수 체계는 지속적으로 개선되는 추세입니다. 회수 성과를 중간 보상하는 목적으로 개별 딜에 대해 펀드가 만기되기 전 미리 정산하여 수익을 배분하기도 합니다. 실리콘밸리식 'LLC(유한책임회사)' 모델도 증가하고 있습니다. 2005년 2개 사로 시작하여 2020년 기준 33개 사까지 증가했습니다.[22] LLC형 VC에서는 심사역들이 각각에 특화된 펀드만 책임운용을 하고, 성과보수가 발생하면 LP 배분 후 해당 펀드에 참여한 소수 인력만 정해진 비율에 따라 성과보수를 배분합니다. 하나의 블라인드 펀드에 다수의 심사역이 붙는 일반적인 VC 모델보다는 분배 기준이 더 명확한 편입니다. 더불어 심사역의 인센티브를 극대화하는

---

**22** 출처: 한국벤처투자 "국내 LLC형 VC에 대한 심층분석"

보상 체계를 구축한 하우스도 있습니다.

모 VC의 경우 성과보수가 발생하면 회사가 20%만 유보하고 나머지 80%는 심사역에게 배분합니다. 조금 더 구체적으로 보면 70%를 성과 기여도에 따라 해당 펀드 운용인력에게 분배하고, 나머지 10%는 간접적으로 기여한 인력에게 공유하는 구조입니다. 덜 주기 위해서 애쓰기보다 더 줌으로써 심사역들의 동기부여를 극대화하려는 취지입니다.

이처럼 심사역들의 인센티브에 대한 정책은 하우스마다 상황이 많이 다릅니다. 대다수의 심사역에게 기본급은 실은 (상대적으로) 크게 중요하지 않습니다. 좋은 투자를 통해 의미 있는 성과보수를 받는 것에 집중하는 편인데, 그 이유는 보상의 금액이 결코 적지 않기 때문입니다.

가상화폐 거래소 업비트를 운영하는 두나무에 투자한 에이티넘은 담당 심사역인 김제욱 부사장이 해당 투자를 통해 약 280억 원의 보수를 수령했습니다. DSC인베스트먼트의 김요한 전무는 2021년 기준 상여금으로만 약 17억 원을 수령한 것으로 파악되고, 스톤브릿지 벤처스의 김일환 전 대표도 2023년 상반기에만 약 12억 원의 보수를 가져갔습니다.

# 03

# 국내 GP의 주요 유형 (창투사/LLC/신기사)

GP에 대해서 조금 더 살펴보겠습니다. GP의 역할을 하는 국내 VC는 다음과 같이 크게 세 가지 타입으로 구분됩니다.

**그림 8. VC의 구성 및 GP의 주요 유형**

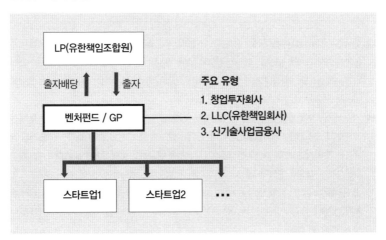

[그림 8]에서 표현했듯 국내 GP는 크게 '중소기업창업투자회사 (창투사)', '유한책임회사LLC', '신기술사업금융회사(신기사)'로 구분할 수 있습니다. 가장 많은 유형은 '창투사'로, 설립 자본금은 20억 원이 며 상법상 가장 기본적인 형태인 주식회사의 구조입니다. 상근 전문 인력 2인 이상이 있어야 하는데, 전문인력의 경우 '중소벤처기업부 장관이 인정하는 기관에서 경영 또는 기술 개발 등의 업무를 3년 이 상 수행한 경력이 있는 사람[23]'으로 규정합니다. 창투사는 중소벤처 기업부(중기부)의 관리 감독을 받으며, '벤처투자 촉진에 관한 법률(이 하 벤처투자법)[24]'에 의거하여 GP의 역할을 수행합니다.

LLC도 마찬가지로 벤처투자법에 의해 설립되지만, 상법상 주식회

---

**23** 한국벤처캐피탈협회 자료를 출처로 한다. 여담으로 국내 전문인력은 한국벤처캐피탈협회에서 주 관하는 공식 교육을 받는데, 교육의 내용과 구성도 좋지만 협회 교육을 통해 심사역들은 탄탄한 업계 네트워크를 구축할 기회가 생긴다. 필자는 참고로 26기인데 여전히 동기들과 좋은 만남을 이어가고 있다.

**24** 기존 벤처투자에 관한 법률 조항은 '중소기업 창업지원법(이하 '중소기업창업법')과 '벤처기업육성 에 관한 특별조치법(이하 '벤처기업법')에 분산되어 있었다. 중소기업창업법에는 벤처기업법의 내 용들을, 벤처기업법에는 중소기업창업법의 내용들을 준용하고 있어서 규정을 제대로 파악하기 위해서는 두 법률을 반복적으로 살펴보며 여러 조항을 확인해야 하는 번거로움이 존재했다. 이 런 문제를 해결하기 위해 '벤처투자법'이 나왔고, 벤처투자법이 시행되면서 중소기업창업법과 벤 처기업법에 분산되어 있던 벤처투자에 관한 법률 조항들이 벤처투자법에 일괄적으로 통합되었다 (출처: 법무법인 세움).

사가 아닌 유한책임회사[25]의 형태입니다. 자본금 요건은 없어서 개인 회수 실적이 뛰어난 스타 심사역들이 독립을 할 때 LLC형으로 창업하는 경우가 많습니다. 다만, 조합 지분 1% 이상을 보유해야 하고, 전문인력 관련 규정이 창투사보다 더 타이트한 편입니다. '5년 이상 경력 1인과 3년 이상 경력 2인 이상' 또는 '5년 이상 경력 2인 이상'이 하우스에 있어야 합니다. 원래는 투자조합 결성을 위해 모태펀드의 출자가 필요했으나, 벤처투자법이 시행되면서 민간자금으로만 벤처펀드 결성이 가능해졌습니다.

LLC형 VC에서는 심사역들이 각각 특화된 펀드만 책임운용을 하고, 성과보수가 발생하면 LP 배분 후 해당 펀드에 참여한 소수 인력들만 정해진 비율에 따라 성과보수를 배분합니다. 하나의 블라인드 펀드에 다수의 심사역들이 붙어 분배 기준이 모호한 경우가 자주 발생하는 일반적인 VC 모델보다 더 '심사역 친화적'이라는 평가를 받습니다. 실리콘밸리에서는 약 80%가량이 LLC형 VC이지만 국내는 약 15~20% 수준입니다. 한국의 대표적인 LLC형 VC로는 프리미어 파트너스가 있습니다. 국내 최초의 유한회사형 벤처캐피탈로 알려져 있으며, 2022년 기준으로 누적 2조 5,000억 원가량의 자산을 운용해

---

25 유한책임회사는 주식회사처럼 출자자들이 유한책임을 지면서도 이사나 감사를 의무적으로 선임하지 않아도 되는 등 회사의 설립·운영과 구성 등에서 사적인 영역을 폭넓게 인정하는 회사 형태이다(출처: 한경 경제용어사전).

왔습니다. 신생 LLC로는 뮤렉스파트너스, 위벤처스 등이 있고, 2023년 상장한 캡스톤파트너스의 경우 LLC로 시작했으나 상장 전 주식회사로 전환했습니다.

마지막으로, 신기사를 살펴보겠습니다. 신기사는 창투사와 마찬가지로 상법상 주식회사입니다. 다만 설립을 위해 필요한 최소 자본금이 100억 원입니다. 창투사의 5배에 해당하는 수치입니다. 설립인가 과정도 긴 편입니다. 창투사의 경우 보통 한 달 내에 인가를 받지만, 신기사는 3~6개월가량 소요되는 경우가 많습니다. 대신 그만큼 장점도 명확합니다. 일단 투자 범위가 창투사보다 넓습니다. 벤처투자법이 시행되면서 많이 완화되기는 했으나 창투사는 여전히 운영하는 모든 조합(펀드)의 합산 금액 중 최소 40%를 중기부가 인증한 벤처기업에 투자해야 합니다. 창투사의 경우 부동산, 음식, 숙박업에 대한 투자 제한도 있었으나 관련 내용은 대부분 없어지거나 완화되었습니다.

신기사는 이런 부분에서 자유로운 편이기 때문에 투자 유연성이 큽니다. 그래서 자본금에 대한 압박감이 낮은 대기업 계열 VC들은 창투사 대신 신기사를 선택하는 경우가 많습니다. 인허가 과정은 오래 걸리지만 조합 결성은 창투사보다 조금 더 수월한 편입니다. 신기사와 창투사 모두 '벤처투자조합'을 결성 및 운용할 수 있으나, '신기술사업투자조합'의 경우 신기사만 결성하여 운용할 수 있습니다. 신기술사업투자조합은 벤처투자조합보다 상대적으로 결성 속도가 빠르고 자유로운 편입니다.

창투사는 중기부의 관리를 받지만 신기사는 금융위원회와 금융감독원의 관리를 받습니다. 아이러니한 점은 최근 이루어진 대부분의 제도 개선이 중기부를 중심으로 이루어졌지만 여전히 신기사에 대한 선호도가 조금 더 높다는 것입니다. 중기부가 법률 개정안과 규제 완화 등을 통해 더 많은 기관을 유입하려고 노력 중이나 여전히 신기사의 영향력이 강합니다. 2023년 상반기 기준 창투사의 투자 금액은 약 2조 2,000억 원, 신기사의 투자 금액은 약 2조 2,400억 원으로 파악되었습니다. 신기사의 투자 금액이 크다 보니 국내 벤처투자 통계 동향을 발표할 때도 중기부에서 금융위원회로부터 관련 데이터를 받아 양쪽 숫자를 통합한 후 자료를 최종적으로 발표합니다.

이에 대한 전체적인 내용은 [표 4]에 요약해두었습니다.

## 표 4. 국내 VC의 유형 및 특징

| 구분 | 창투사<br>(중소기업창업투자회사) | LLC<br>(유한책임회사) | 신기사<br>(신기술사업금융전문회사) |
|---|---|---|---|
| 소관 부처 | 중소벤처기업부 | 중소벤처기업부 | 금융위원회/금융감독원 |
| 설립 요건 | 상법상 주식회사<br>자본금 20억 원 이상<br>상근 전문인력 2인+ | 상법상 유한(책임)회사<br>자본금 요건 없음<br>5년 이상 1인 + 3년 이상 2인<br>(또는 5년 이상 2인 이상) | 상법상 주식회사<br>자본금 100억 원 이상 |
| 투자 조합 | 벤처투자조합 | 벤처투자조합 | 신기술사업투자조합<br>벤처투자조합 |
| 예시 | 스톤브릿지벤처스,<br>시그나이트파트너스,<br>캡스톤파트너스,<br>한국투자파트너스 등 | 프리미어파트너스,<br>뮤렉스파트너스,<br>위벤처스 등 | NH벤처투자,<br>미래에셋캐피탈,<br>삼성벤처투자,<br>우리기술투자 등 |

(출처: DART)

# 📋 IPO 하는 VC

2016년부터 2023년은 VC들의 상장 러시가 이어진 기간이었습니다. DSC인베스트먼트, 미래에셋벤처투자, 컴퍼니케이파트너스, 스톤브릿지벤처스, LB인베스트먼트, 캡스톤파트너스 등이 상장에 성공했습니다. 상장사인 VC들의 시가총액은 2023년 기준 600억~3,000억 원 구간을 형성하고 있습니다. 비트코인과 같은 크립토 자산과 연동성이 큰 우리기술투자는 시가총액 1조 원을 돌파한 적도 있었지만, 업계에서는 매우 예외적인 사례로 볼 수 있습니다.

VC들이 IPO를 하는 결정은 아주 자연스러운 현상은 아닙니다. 실리콘밸리의 VC들은 대부분 상장을 하지 않았습니다. 일반적으로 기업들은 IPO를 자본조달의 목적으로 많이 사용합니다. IPO는 영어로 풀면 'Initial Public Offering'이고 한글로 해석하면 '기업공개'라고 표현합니다. 기업을 사적 소유에서 공적 소유로 이동시키면서 대중들에게 회사의 주식을 처음으로 파는 과정을 지칭하는 것입니다. 즉 기업들은 회사의 사적인 정보들을 외부에 공개해야 하는 번거로움과 각종 비용을 감내하면서 자금조달을 위한 하나의 창구로 IPO를 활용하는 것입니다. 하지만 앞에서 설명했듯 VC들은 이미 외부 기관으로부터 자본을 조달하는 행위를 반복적으로 진행합니다. LP들에게 자금을 공급받아 펀드를 만들고 이를 운용하는 것이 VC의 핵심 사업 모델입니다.

기업의 사적private인 영역을 대중public에게 공개하는 일은 생각보다 매우 까다롭습니다. 타이트한 규정에 맞춰 회사의 사업 내용을 정기적으로 보고해야 하고, 이런 업무를 전문적으로 할 수 있는 인력도 채용해야 합니다. 상장사는 주가에 대한 고민도 많을 수밖에 없습니다. 주식 가격을 방어하지 못하면 엄청난 질타를 받게 되지만, 가격이 지나치게 많이 오르는 것도 문제입니다. 과열된 주가는 각종 잡음을 만들어 사업에 대한 집중력을 흐트러뜨리게 됩니다.

그럼에도 불구하고 VC들이 연달아 상장에 도전하는 이유는 무엇일까요?

첫째, GP 출자 비중을 늘리고 싶어서입니다. 이미 설명했듯이 VC는 기준 수익률을 초과하는 수익의 20%가량을 성과보수로 수령합니다. 나머지 80%는 펀드의 기타 출자자들이 가져간다는 뜻입니다. 그럼 GP인 VC 입장에서 조금 더 리스크를 짊어지는 대신, 더 큰 수익을 취하는 방법은 운용 펀드에 본인들의 자기자본을 더 많이 투여하면 됩니다. LB인베스트먼트의 박기호 대표는 상장 전 중앙일보와의 인터뷰에서 다음과 같은 답변을 했었습니다(많은 인사이트를 주는 기사이니 풀버전도 일독을 추천합니다).

> *"그동안 LB가 운용하는 펀드의 수익률은 높았지만, 펀드 수익이 회사의 수익으로 이어지는 건 미약했다. 펀드 내 업무집행사원GP으로서 회사의 자체 출자 비중이 작았기 때문이다. 주요 벤처캐피탈사인 다올인베스트먼트는 GP 출자 비율이 지난해(2022년) 말 기준*

*16.7%이고 KB인베스트먼트는 30.5%에 달하지만, LB인베스트먼트*
*는 6.3%에 불과하다. 이 때문에 상장 이후 주식시장에서 모집한 자*
*금으로 GP 출자 비중을 늘려 5년 뒤에는 15%로 확대할 계획이다.*
*펀드 운용자산도 작년 말 현재 1조 1,935억 원 규모에서 5년 후*
*2조 원까지 확대할 방침이다. 증시 상장은 회사가 투자 규모와 업*
*종·지역 등을 확대해 회사 성장 속도를 높이고 주주 환원도 늘리는*
*데 활용하려고 한다.[26]"*

둘째, 상장사의 타이틀이 주는 '신뢰'와 '명예'도 무시할 수 없습니다. 관리
당국은 상장사에게 무척 엄격한 기준을 요구합니다. 상장을 하는 것도 어렵
지만 상장사의 지위를 유지하는 것도 쉽지 않습니다. 그만큼 '상장사'라는
포지션만으로도 기업의 신뢰도를 올릴 수 있습니다. 자본을 취급하는 사업
자들에게 신뢰가 주는 가치는 결코 무시할 수 없습니다. VC의 대표자와 창
업자 관점에서는 명예로움이라는 토끼도 함께 잡게 됩니다. 기업인으로서
IPO에 성공했다는 사실은 자부심을 느끼기에 충분한 마일스톤입니다.

하지만 앞서 언급했듯이 상장사가 마냥 좋은 것만은 아닙니다. 다수의 VC
상장사는 시장으로부터 냉철한 평가를 받는 경우가 많은데, 주주가치를 극
대화하는 노력을 충분히 하지 않았다는 것이 주된 이유입니다. 실제로 상장
한 VC 중 다수가 상장 첫날보다도 주가가 낮거나 비슷한 수준인 것으로 파
악됩니다. 실적은 좋지만 배당도 인색한 편인데, 2021년 기준으로 VC 상장

---

**26** 출처: "하이브 새싹부터 키운 LB인베스트 상장⋯ '최고 수준 배당 VC될 것'", 중앙일보, 2023년
3월 16일

사 중 절반가량은 배당을 전혀 하지 않았습니다. 물론 고배당 기업이 무조건 좋은 회사라는 뜻은 아닙니다. 배당을 안 하는 대신 해당 자본을 사업 성장을 위해 사용하고, 이를 통해 실적을 개선시켜 기업가치를 재고하는 것도 주주의 가치를 극대화하는 방법 중 하나일 것입니다.

이처럼 VC들의 IPO는 장점과 단점이 공존합니다. 결국 어디에 더 가치를 두는지에 따라 의사결정이 달라질 수밖에 없습니다. 한국의 VC 시장은 여러 변곡점을 지나면서 시대의 흐름에 맞는 형태를 찾아왔다고 생각합니다. 여전히 그 과정은 현재진행형입니다. 이번에도 멋진 답을 찾아서 더 큰 성과와 임팩트를 만들어내길 기대해봅니다.

# LP의 역할 및 특징
## (feat. 모태펀드)

이번에는 LP의 특징에 대해서 조금 더 살펴보도록 하겠습니다. 앞에서 우리는 GP와 LP의 정의 및 구조에 대해서 알아봤고, VC들이 LP를 통해 투자 자금을 공급받아 펀드를 결성하고 운용하는 것임을 알 수 있었습니다. 이런 큰 역할에 대해서는 국내나 해외나 큰 차이가 없습니다. 한국을 포함한 대부분의 VC는 실리콘밸리식 모델을 가장 많이 벤치마킹했기 때문에 거의 동일한 뿌리를 가지고 있습니다. 다만 한국의 LP들은 조금 독특한 성향이 있습니다.

국내와 해외를 막론하고 늘 큰손으로 언급되는 LP는 바로 '연기금'입니다. 연기금은 연금pension과 기금fund을 합친 말인데, 개인의 소득을 재원으로 기금을 조성하고, 이를 적절히 투자해서 국민들의 노후 소득을 보장해주는 역할을 합니다. 국내의 대표적인 연기금으로는 다들 잘 알고 있는 국민연금, 공무원연금 등이 있습니다. 국민연

**그림 9. 국내 LP의 구성 및 주요 특징**

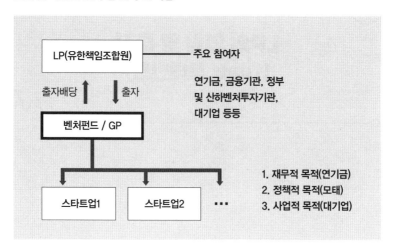

금의 경우 기금 운용 역사상 처음으로 2023년 기준 운용자산 1,000조 원을 돌파했습니다. 워낙 규모가 크다 보니 자본시장에서 영향력이 막강합니다.

이들은 돈을 지속적으로 굴리고 이를 통해 수익을 창출해야 하는 의무가 있습니다. 특히 인구 노령화로 인해 더 큰 수익을 창출해야 한다는 압박을 받고 있는 상황입니다. 그런데 여기서 중요한 것은 그냥 돈만 잘 벌어서 되는 게 아니라 손실 리스크를 최소화하면서 자산을 운용해야 합니다. 그럴 수밖에 없습니다. 이들의 실적은 국민들의 노후 안정성과 직접적으로 연결되어 있기 때문입니다.

그러다 보니 국민연금과 같은 연기금들은 기본적으로 투자 자산을 '분산화diversify'합니다. 유형으로 보면 상장주식, 비상장주식, 부동산, 채권 등 다양한 영역에 걸쳐 투자를 집행합니다. 리스크 관점에서 봤을 때도 저위험, 중위험, 고위험 포트폴리오들을 골고루 가지고 있습니다. 자산에 직접 투자도 하지만 펀드 출자를 통해 간접 투자도 진행합니다. VC 펀드에 출자하는 것은 이런 일련의 과정 속에서 만들어지는 의사결정 중 하나입니다. 전체 운용기금 규모로 봤을 때는 VC 펀드에 출자하는 비중은 작은 편이지만 워낙 기금의 사이즈가 크다 보니 영향력이 상당할 수밖에 없습니다.

연기금들에게 제일 중요한 건 결국 '재무적 성과financial return'입니다. ESG와 같은 정성적인 요소들도 검토해야겠지만, 이들의 첫 번째 의무는 국민들의 노후자금을 안정적으로 마련해주는 것이기 때문입니다. VC 펀드에 LP로 참여할 때도 이런 목적성을 우선적으로 고려하며, 위험도 대비 '기대수익률expected return'이 어느 정도일지 판단하고 출자를 진행합니다.


국내 LP의 또 다른 유형으로는 '정책성 자금'이 존재합니다. 이 부분이 해외 시장과 가장 크게 다른 점인데, 민간 기관에 대한 의존도가 높은 다른 선진국가들과 달리 한국의 경우 LP 출자 금액 중 정책성 자금이 차지하는 비중이 상당히 큰 편입니다. 다음 [표 5]를 살펴보겠습니다. 해마다 조금씩 다르지만 정책 자금이 차지하는 비중은 평균 15% 정도 됩니다. 어느 정도 정책성 목적을 가지고 참여하는

연기금, 금융기관들을 민간부문과 구분한 자료입니다. 보수적으로
봐도 해당 수치가 작지 않음을 알 수 있습니다.

**표 5. 2019~2023 상반기 벤처펀드 출자자 현황**

(단위: 억 원)

| 구분 | 2019년 상반기 | 2020년 상반기 | 2021년 상반기 | 2022년 상반기 | 2023년 상반기 |
|------|------|------|------|------|------|
| 정책자금 | 4,591 | 5,012 | 10,835 | 10,803 | 6,620 |
| 비중 | 14% | 22% | 18% | 12% | 14% |
| 민간부문 | 29,348 | 17,420 | 48,018 | 76,158 | 39,297 |
| 비중 | 86% | 78% | 82% | 88% | 86% |
| 합계 | 33,939 | 22,432 | 58,853 | 86,961 | 45,917 |

(출처: 중소벤처기업부, 금융위원회)

국내에는 이런 정책성 자금을 모으고 관리하는 주체가 따로 있습
니다. 대표적으로 두 곳이 있는데 바로 '한국벤처투자'와 '한국성장
금융'입니다. 이들은 기본적으로 '펀드 오브 펀드fund of funds'의 구조
를 가지고 있습니다. 예를 들면 한국벤처투자의 경우 중기부, 특허
청, 과기부 등 주요 정부 부처로부터 자금을 받아 펀드를 만들고, 이
를 다시 VC들이 만든 펀드에 출자해주는 역할을 수행합니다. 한국
성장금융도 비슷한 구조인데 'KDB산업은행[27]'과 같은 기관들이 주
요 출자자로 참여합니다. 이들은 상법상 주식회사이지만 실질적으로

---

**27** 참고로 KDB산업은행은 금융위원회 산하 기타 공공기관으로 분류된다.

는 공공기관의 성격이 강합니다. 한국벤처투자의 경우 중소벤처기업 진흥공단이 지분 100%를 소유하고 있고, 한국성장금융도 한국거래소, 한국예탁결제원, 중소기업은행과 같은 금융 공기업 및 국책 기관들이 주요주주로 등재되어 있습니다.

영향력으로 봤을 때는 한국벤처투자가 관리하는 '한국모태펀드'의 존재감이 가장 돋보입니다. 한국모태펀드는 닷컴 버블로 시장이 침체되어 있던 2005년 벤처기업특별법에 의해 결성되었습니다. 이후 지속적으로 정부 부처들로부터 자금을 출자받아 규모를 키웠고, 2022년 기준 누적 조성 재원은 8조 원을 돌파했습니다. 이를 통해 2022년 12월 말 기준 누적 1,125개의 펀드 결성에 기여했고, 결성된 펀드를 통해 9,154개 사에 투자가 집행되었습니다.[28] 국내 VC들이 가장 의지하는 LP이자 한국 벤처투자 시장의 초석을 다지는 데 크게 기여한 일등 공신임은 부인하기 어려운 사실입니다.

이런 정책성 자금의 성격을 가진 LP들이 출자한 펀드를 운용하는 GP들은 출자 목적에 부합하는 투자를 집행해야 하는 의무가 있습니다. 예를 들어보겠습니다. 필자가 근무했던 시그나이트파트너스[29]의

------------------------------------------------

**28** 출처: 한국벤처투자

**29** 시그나이트파트너스는 신세계그룹의 기업형 벤처캐피탈로 2020년 설립되었다. ㈜신세계, 신세계인터내셔널 등이 주요주주로 있다.

경우 2020년 모태펀드로부터 200억 원을 출자받아 500억 원 규모의 '스마트신세계시그나이트투자조합'을 결성했습니다. 해당 펀드는 중기부가 중심이 되어 기획된 재원인데, 조성 목적은 포스트 코로나 시대에 대비하여 디지털 경제로의 전환을 촉진할 수 있는 유망 스타트업을 지원함에 있었습니다. 따라서 스마트신세계시그나이트투자조합의 경우 펀드 규정에 따라 결성 총액의 절반 이상을 비대면 사업을 영위하는 스타트업에 투자해야 했습니다. 재무적인 성과와 정책적인 가치를 모두 충족해야 하는 사례입니다.

연기금과 같이 재무적 목적이 강한 LP와 모태펀드와 같이 정책성 목적이 강한 LP 외에도 '사업적 목적'을 가지고 GP에게 출자하는 기관들도 존재합니다. LP로 참여하는 대기업, 중견기업 등이 이 카테고리에 속합니다. 대기업과 중견기업들은 신사업에 대한 고민이 많습니다. 시장의 변화에 적절하게 대응하지 못하면 빠르게 도태될 수 있음을 잘 알기 때문입니다. 이들은 보통 탄탄한 캐시카우를 가지고 있고 현금흐름도 좋은 편입니다. 보유 현금도 적지 않으니 이 중 일정 금액을 VC 펀드에 출자하여 벤처기업들의 흐름을 확인합니다. 펀드의 포트폴리오 중 사업적 시너지가 명확한 스타트업이 있다면 M&A 매물로 검토하기도 합니다. 물론 재무적인 가치도 고려하지 않는 것은 아닙니다. 실력 있는 운용사를 만나 규모 있는 회수를 하게 되면 큰 재무적인 이득도 취할 수 있습니다.

다만, 대기업들과 중견기업들이 VC를 바라보는 관점이 2020년을 전후로 많이 달라지는 모양새입니다. 과거에는 LP 역할로 간접적인 참여자를 자청했다면, 최근에는 직접 '기업형 벤처캐피탈CVC, Corporate Venture Capital'을 만들어 투자 일선에 뛰어들고 있습니다. 2021년 공정거래법이 개정되면서 일반지주회사의 CVC 보유가 가능해지는 등 관련 규제가 많이 완화된 것이 한몫했습니다. 다년간 LP로 시장에 참여하면서 축적한 경험도 GP 운영에 자신감을 더했습니다. 관계자들은 이를 통해 벤처시장이 더 활성화될 수 있기를 기대하고 있습니다.

하지만 기존 독립계 VC들에게는 마냥 좋은 소식은 아닙니다. 왜냐하면 본인들의 펀드에 LP로 참여할 수 있는 잠재적 후보군이 점점 줄어들고 있기 때문입니다. 예컨대 신세계그룹은 큰 금액은 아니지만 지속적으로 LP 출자를 집행한 국내 대기업 중 하나였지만, 이제는 외부 출자 대신 자회사인 시그나이트로 자금을 집중하는 모습입니다. LX그룹의 구본준 회장도 시장에 대한 관심도 및 이해도가 모두 높은 총수로 평가받지만, LX그룹 역시 2023년 상반기에 LX벤처스라는 투자 법인을 설립했습니다.

# 3장

## 스타트업 밸류에이션 & 엑시트

비상장주식들은 상장주식만큼 정보가 없고 활용할 수 있는 데이터들이 제한적이기 때문에 적정가치를 평가하는 것이 무척 어렵습니다. 대중에게 알려진 유니콘 스타트업들조차도 큰 폭의 영업손실을 기록하는 경우가 많고, 사업 초기 단계에는 특히 매출 자체도 크지 않기 때문에 전통적인 평가 방법을 통해서 가치평가를 하는 것이 불가능에 가깝다고 보면 됩니다.

사업이 어느 정도 성장해도 현금흐름cashflow이 작거나 마이너스인 경우가 많기 때문에 증권사들이 많이 사용하는 '현금흐름할인법DCF, Discounted Cash Flow Method'은 활용하기 어렵습니다. 필자도 수백억 원의 벤처투자를 집행했지만 비상장회사 투자 시 DCF를 사용한 횟수는 손에 꼽을 정도였습니다. 뉴욕대학 금융학과와 예일대 MBA에서 나름 체계적인 밸류에이션 기법들을 배웠다고 생각하였으나, 현업에서는 크게 쓸모가 없었습니다.[30]

그렇다면 이런 스타트업들의 초기 단계에서는 어떤 기준을 가지고 기업가치를 측정하는 것일까요? 현업 VC 심사역들이 가장 많이 활용하는 가치평가 방법Valuation Methodology을 간단하게 정리해봤습니다.

---

**30** VC가 아닌 PE 투자에서는 전통적인 밸류에이션 기법이 여전히 유용하게 사용되고 있다.

# 01

# 스타트업 기업가치 평가 방법론

## 1. 유사기업 비교를 통한 직접적 기업가치 산출법

첫 번째 방법은 유사한 비상장 스타트업을 찾아서 주요 지표들을 비교하며 기업가치를 도출하는 것입니다. 백문이 불여일견이니 다음 예시를 바로 살펴보겠습니다.

[예시 1]은 필자가 실제 검토한 회사의 지표들입니다. 양사 모두 플랫폼 서비스를 운영하고 있었고, 필자는 당시 스타트업 B의 기업가치 산정을 위해 고민하는 상황이었습니다. 스타트업 A와 스타트업 B의 사업 모델은 거의 붙여넣기 수준으로 유사했습니다. 보다시피 재무제표도 비슷했고, DAU<sup>Daily Active Users</sup>(하루 동안 서비스를 사용한 순이용자 수)도 거의 같았습니다. 다만 스타트업 A는 필자가 스타트업 B를 검토하기 한 달 전에 투자 라운드를 마무리했고 Post-Money(투자유

**예시 1. 스타트업 가치 평가 사례**

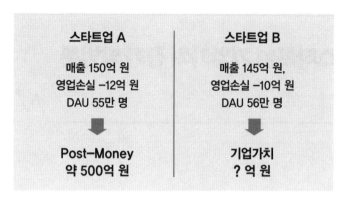

치 후 기업가치)가 500억 원을 기록했습니다.

자, 그렇다면 여기서 스타트업 B를 평가할 때 사용할 수 있는 기준점은 어떻게 잡으면 될까요?

답은 단순합니다. 500억 원입니다. 실제로 스타트업 B와 얘기할 때 500억 원을 기준으로 협상을 시작했습니다. 하지만 최종적인 기업가치는 Post-Money 기준 600억 원으로 측정되었는데, 이유는 스타트업 B의 개발팀이 스타트업 A보다 더 뛰어나다는 판단을 했기 때문입니다. 이처럼 외형적으로 유사한 지표를 가지고 있는 스타트업들을 찾아서 공식적으로 기록된 기업가치를 활용하여 밸류에이션을 진행하는 것이 가장 일반적인 방법이라고 보면 됩니다. 다만 이 사례에서 스타트업 B의 개발팀처럼 보이지 않는 무형의 경쟁력 등을 감안하여 플러스 또는 마이너스를 하는 것입니다.

예컨대 필자가 투자했던 그랩의 경우는 사업 초기부터 '고젝'과 경쟁해왔습니다. 미국에는 '우버'라는 매우 중요한 벤치마크가 있었기 때문에 자연스럽게 기관투자자들 입장에서는 고젝과 우버의 밸류에이션이 그랩의 기업가치를 선정하는 데 중요한 지표가 될 수밖에 없었을 것입니다.

## 2. 유사기업 비교를 통한 상대가치 평가법

두 번째 평가법은 전통적인 기업가치 측정 기법으로도 많이 활용됩니다. 방법은 생각보다 단순합니다. 마찬가지로 다음 [예시 2]를 살펴보겠습니다.

### 예시 2. 스타트업 가치평가 방법

| 모빌리티 회사 (예시) | | | | |
|---|---|---|---|---|
| | EV/EBITDA | EV/EBIT | PSR | PBR |
| SK네트웍스 | 8.9x | 25.7x | 0.2x | 0.7x |
| AJ렌터카 | 3.9x | 30.6x | 1.7x | 1.2x |
| 저스트잇 | 22.7x | 30.6x | 5.6x | NM |
| 카카오 | 29.3x | 55.1x | 3.7 | 6.6x |
| **중간값** | **15.8x** | **30.6x** | **3.6x** | **1.5x** |

타깃 기업 정보

v 국내 모빌리티 회사
v 작년 매출(Revenue) 1,000억 원

➡ 1,000억 원 x 3.6배
= 3,600억 원?

[예시 2]는 국내 모빌리티 회사들의 지표이며, 이해를 돕기 위해 숫자는 임의로 기입했습니다. 표에는 회사들의 PSR<sup>Price Sales Ratio</sup>(주가매출비율)이 있는데, 이 숫자는 쉽게 얘기하면 '주가를 주당 매출액으로 나눈 것'입니다. 주식 가격이 주당 매출액보다 높으면 PSR은 1배이상이고, 낮으면 1배 미만으로 나옵니다.

[예시 2]에서 4개 회사의 PSR 중간 값은 3.6배입니다. 그리고 만약 VC들이 표에서 언급된 회사들과 유사한 모빌리티 분야의 스타트업을 검토한다면 PSR 3.6배를 기준으로 가치평가를 할 수 있을 것입니다.

사실 상장 주식을 분석할 때 가장 많이 사용하는 지표는 PER<sup>Price Earning Ratio</sup>(주가수익비율)입니다. 하지만 PER을 사용하려면 회사의 순이익이 플러스여야 하는데 비상장 스타트업의 경우 순이익이 플러스인 경우가 생각보다 흔치 않습니다. 이런 이유 등으로 스타트업의 가치를 평가할 때는 PER 대신 PSR도 많이 활용하는 편입니다.

## 3. 핵심 인력의 가치를 기반으로 하는 밸류에이션 기법

만약 1, 2번과 달리 유의미한 지표가 없다면 어떤 방식으로 기업가치를 측정할 수 있을까요? VC들이 투자를 검토할 때 이런 경우는 생각보다 많습니다. 특히 극초기 기업들의 경우 기술력만 있고 유의미한 사업 실적이 없는 케이스가 많기 때문입니다. 앞서 예시로 사용한 그랩과 우버도 마찬가지입니다. 이런 플랫폼들이 정상적으로 운영되기 전에는 어떤 방식으로 회사의 가치를 평가받고 자금을 조달하는지 함께 살펴보겠습니다.

### 예시 3. 스타트업 가치평가 사례

일반적으로 극초기 단계의 스타트업들은 '엔젤투자자Angel Investor[31]' 또는 '엑셀러레이터Accelerator[32]'를 통해 사업 자금을 확보하는 경우가 많습니다. 이때 기업가치를 측정하는 가장 중요한 요소는 바로 '창업팀의 역량'입니다. 물론 사업 모델의 매력도를 함께 보지만 사업의 방향성은 회사가 성장하면서 조정되는 경우가 빈번합니다. 그렇기 때문에 어떤 문제를 어떤 창업팀이 어떤 방식으로 풀려고 하는지가

---

**31** 벤처기업이 필요로 하는 자금을 개인 투자자 여럿이 돈을 모아 지원해주고 그 대가로 주식을 받는 투자자

**32** 초기 창업 기업을 발굴해서 엔젤투자, 사업 공간 제공, 멘토링 등을 제공하는 기관

핵심적인 의사결정의 요소가 될 수밖에 없습니다. 특히 창업팀 멤버의 역량이 무척이나 중요한데, 검증받은 팀일수록 더 높은 기업가치를 부여받을 확률이 높다고 생각하면 됩니다.

한 가지 실례를 들면, 과거 필자가 검토한 테크 스타트업의 경우 시장에서 얘기하는 '특 A급 개발자'들이 5명 있었고, 각 개발자당 10억 원 수준의 가치를 부여하여 50억 원(10억 원×5명)의 기업가치가 부여된 바 있습니다.

또는 이런 방식 대신 톱다운Top-down으로 기업가치가 결정되는 경우도 있습니다. 예컨대, 국내외 대표적인 엑셀러레이터들을 살펴보면 일반적으로 5억~10억 원 사이에서 밸류에이션을 측정합니다. 실리콘밸리에서는 20억 원 수준까지도 기업가치를 부여하는데 그 이상을 초과하는 경우는 많지 않습니다. 범위를 미리 정해놓고 회사의 사업 모델과 창업팀의 역량 등을 종합적으로 고려해 밸류에이션을 결정한다고 보면 됩니다.

**동남아 최고의 슈퍼앱 '그랩' 창업자 앤서니 탄**

그랩의 창업자인 '앤서니 탄Anthony Tan'은 흔히 말하는 '금수저' 집안의 아들입니다.

그의 증조할아버지는 택시 운전사로 시작해 말레이시아의 가장 큰 자동차 유통 업체인 '탄청모터스Tan Chong Motors'를 창업했습니다. 이후 할아버지와 아버지 모두 탄청모터스를 경영했고, 아버지는 말레이시아 Top 100 안에 드는 부자로 알려진 재력가입니다. 탄 역시 그랩을 창업하기 전 탄청모터스에서 근무했으며, 본인의 기업가 정신의 뿌리가 증조할아버지에게서 나왔다고 말할 만큼 집안에 대한 자부심이 상당합니다.

탄은 미국에서 유학 생활을 했습니다. 시카고대학을 졸업한 후 하버드대학 경영대학원에서 MBA 과정을 밟았습니다. 그랩이 탄생한 것도 바로 하버드 비즈니스 스쿨에서였습니다. 탄은 학교에서 진행된 사업경연대회에서 콜택시 애플리케이션 '마이택시MyTeksi'라는 아이템을 제안했습니다. 당시 하버드대학 교수로부터 "아이디어는 괜찮지만 구현하기 쉽지 않을 것"이라는 피드백을 받았지만 그는 이 프로젝트를 실행에 옮겼습니다.

첫 번째 타깃 지역은 그의 고향인 말레이시아였습니다. 말레이시아의 택시는 바가지 요금, 노후 차량, 불친절한 서비스로 세계 최악의 택시라는 오명을 안고 있었습니다. 탄은 이런 문제를 기술을 통해 해결할 수 있다고 믿었습니다. 스마트폰 사용자 수가 빠르게 증가하는 트렌드에 주목하며 모바일 앱 기반의 플랫폼을 준비했습니다. 마침내 2012년 6월 말레이시아의 수도인 쿠알라룸푸르에서 하버드대학 경영대학원 동기인 '탄 후이 링Tan Hooi Ling'과 함께 '마이택시'라는 브랜드로 그랩 서비스를 론칭했습니다.

시작은 미약했습니다. 당시 가입된 택시 운전사의 수는 고작 40명 정도에 불과했습니다. 사업 시작과 동시에 여러 가지 도전을 받게 되었는데, 일단 비교적 교육 수준이 낮은 택시 운전사들은 새로운 기술에 대한 거부감이 컸습니다. 이들은 GPS를 이용해본 적도 없었고, 스마트폰을 살 만큼 경제적 여유도 없었습니다. 하지만 탄은 포기하지 않고 정면 돌파를 선택했습니다. 호텔, 공항 등을 직접 돌면서 택시 운전사들을 모집했습니다. 앱을 사용하면 승객 수를 늘릴 수 있다는 점을 강조했습니다. 모바일 앱이 결코 복잡하지 않다는 점도 알렸습니다. 동시에 통신사 및 스마트폰 제조업체와 파트너십을 추진하여 택시 운전사들에게 스마트폰 구매를 위한 보조금을 제공하도록 설득했습니다.

이용자들 사이에서 그랩이 편리한 서비스라는 소문이 나자 회사는 가파르게 성장했습니다. 말레이시아를 넘어 필리핀, 싱가포르, 태국, 베트남, 인도네시아로 사업을 확장했습니다. 최근에는 미얀마와 캄보디아에서도 서비스를 시작하면서 동남아시아 8개국에서 그랩을 운영하고 있습니다. 참고로 말레이시아에서는 '마이택시', 그 밖의 나라에서는 '그랩택시'라는 브랜드로 서비스를 제공했는데 2016년부터는 지금의 '그랩Grab'으로 통일되었습니다. 2018년에는 가장 큰 경쟁자인 우버의 동남아 사업을 인수하면서 명실상부한 동남아 최대 모빌리티 플랫폼 기업으로서 탄탄한 입지를 구축했습니다.

그랩의 창업주 앤서니 탄은 말 그대로 일에 미쳐 있는 사람입니다. 그의 하버드 동기들은 탄을 워커홀릭이라고 표현했습니다. 탄은 러닝머신을 타는 순간에도 비즈니스 케이스Harvard Business Review Case Studies를 읽는 것으로 유명했습니다. 그는 다음과 같이 말했습니다.

> *"저는 휴식이 따로 필요 없습니다. 왜냐하면 저한테는 일하는 게 휴식이거든요I don't need breaks because to me the job is a break."*

그가 처음 사업을 한다고 했을 때 많은 사람이 그랩을 부잣집 도련님의 취미 정도로 생각했습니다. 언젠가는 가족 사업을 이어받을 것이라는 의견이 지배적이었기 때문입니다. 하지만 그는 유튜브와 같은 테크 스타트업들의 성공에 큰 자극을 받았고, 엄청난 수준의 에너지 레벨로 그랩을 진두지휘했습니다. 그리고 결국 숫자로 결과를 증명했습니다.

그랩은 약 7억 명의 인구를 보유한 동남아 시장 8개국에서 70%가 넘는 시장 점유율을 기록하며 빠르게 성장하는 모빌리티 시장을 선점했습니다. 2020년에는 누적 다운로드 수 1억 9,000건, 사용자 수 1억 명, 드라이버 수 500만 명을 돌파했습니다. 2019년에는 이미 100억 달러(한화 약 11조 원) 수준의 총거래액을 기록했습니다. 결국 회사는 2021년 12월 데카콘의 기업가치를 인정받으며 미국 나스닥 시장에 상장하는 데 성공했습니다.

글로벌 베스트셀러인 말콤 글래드웰의 《아웃라이어Outlier》에서는 신경과학자인 다니엘 레비틴의 '1만 시간의 법칙'을 소개하면서, 어느 분야든 세계적수준의 전문가가 되기 위해선 1만 시간의 연습이 필요하다는 결론을 도출했습니다. 스타트업도 다름이 없을 것입니다. 구체적인 시간을 정량화하는 건어려울 수 있겠으나, 창업자가 얼마나 많은 '인풋input'을 회사에 투여하는지는 성공이라는 결과물의 유의미한 변수로 작용할 가능성이 큽니다.

필자는 스타트업의 기본 값은 '힘듦'이라고 생각합니다. 매 순간 풀어야 하는 숙제들이 너무 많기 때문입니다. 물론 문제들을 풀어가는 과정에서 희열을 느낄 수도 있지만, 다수의 스타트업 대표는 한 번쯤은 번아웃을 경험합니다. 스타트업을 운영하는 것은 육체적으로도 정신적으로도 고된 일이기 때문입니다. 이런 관점에서 봤을 때 '일하는 것이 곧 휴식'인 앤서니 탄에게는분명 특별함이 있습니다.

이제 앤서니 탄과 그랩은 더 높은 곳을 바라보고 있습니다. 모빌리티를 넘어배달 그리고 디지털 금융의 영역에서 사업을 전개하고 있으며, 이를 통해 동남아시아 넘버 원 '슈퍼앱Super App'으로 자리매김하는 중입니다. 그랩의 성공 사례는 동남아시아 스타트업들에게 큰 영감을 줍니다. VC들에게도 마찬가지입니다. 넥스트 그랩을 찾기 위해 기회의 땅 동남아시아에 더 큰 관심을보이고 있습니다.

그랩의 성공 방정식을 '워커홀릭'이라는 한 단어로 요약하기는 어렵습니다. 다만, 엄청난 에너지로 사업에 몰두한 앤서니 탄이라는 존재는 VC와 스타트업 입장에서 주목해볼 가치가 충분히 있습니다.

# 스타트업의 적정가치는 무엇인가

스타트업의 '적정가치'는 늘 논란의 대상입니다. 정보가 공개되어 있고 자유롭게 거래가 가능한 상장시장과 달리 비상장시장은 소수의 참여자가 가격을 결정하고 회사의 주식을 거래합니다. 국내 VC를 보면 약 1,000명 정도의 심사역이 있는 것으로 파악되는데, 이 중 기업가치 선정에 대한 결정권이 있는 시니어급 인력은 대략 20% 정도이니, 실질적으로 200명 안팎의 벤처캐피탈리스트로 인해 스타트업들의 가치가 결정된다고 봐도 과언은 아닙니다.

정보의 비대칭이 명확한 시장이고 객관성보다는 주관성이 강하게 개입될 여지는 분명 존재합니다. 예컨대 20억 원짜리 스타트업이 1년 후에는 100억 원이 되고, 2년 후에는 바로 1,000억 원이 되는 경우도 있습니다. 실적이 드라마틱하게 개선돼서 밸류에이션이 가파르게 우상향하는 경우도 있지만, 필자의 경험상 열에 여덟이나 아홉은 심사역들 간의 '합의'에 의해 가치를 대폭 상향 조정하는 케이스들이 었습니다.

물론 이에 대한 '논리logic'도 분명 있었습니다. 커머스 플랫폼의 경우 총거래액이 올랐거나, 기술 기업의 특허 출원 성공과 같은 요소들이 가치를 상향 조정하는 기준점으로 활용되었습니다. 하지만 기업은 결국 '이익의 함수'라고 하지 않았던가요? 아무리 좋은 기술과 매력적인 서비스를 가지고 있어도 이익을 낼 수 없다면 법인은 지속 가능하지 않습니다. 스타트업도 같은 연장선에서 본다면 영업이익이 중요한 평가 메트릭metric이 되는 것이 마땅하나 실상은 그렇지 않습니다. 앞서 예시로 든 스타트업도 나름의 차별점은 분명 있었지만, 이익의 함수를 기반으로 기업가치가 설정되지는 않았습니다.

혹자는 스타트업이 본질적으로 이익을 내기 어려운 구조라는 점을 강조합니다. 일리가 있는 말입니다. 모험자본을 활용하여 빠른 성장을 도모하는 스타트업의 특성상 초·중기 단계에서는 특히 이익을 내기 어려울 수 있습니다. 쿠팡은 아주 좋은 예시입니다. 쿠팡은 2023년 1분기 기준 분기 매출 7조 4,000억 원을 기록하며 분기 매출 7조 1,000억 원을 기록한 전통 유통 강자 이마트를 뛰어넘었습니다. 영업이익도 마찬가지입니다. 2023년 3분기 기준 쿠팡의 영업이익은 약 1,146억 원으로 이마트의 779억 원을 크게 앞질렀습니다. 실적이라는 것은 업다운up-down이 있기 마련이지만 '만년 적자 스타트업'으로 구분되었던 쿠팡이기에 놀라움은 더 클 수밖에 없었습니다.

이는 매우 상징적인 이정표입니다. 커머스 스타트업이 전통의 유통 공룡을 뛰어넘은 순간이기 때문입니다. 쿠팡이 2010년에 설립되었으니 이런 마일스톤을 달성하기까지 약 13년 정도의 시간이 걸린 것입니다. 회사는 이 기간 동안 거의 매년마다 큰 폭의 적자를 기록했습니다. 손정의 회장의 소프트뱅크가 2018년 20억 달러(당시 기준 약 2조 3,000억 원)를 투자했을 때도 영업손실이 약 6,300억 원 수준이었습니다. 이런 회사가 13년이라는 시간 동안 약 10조 원의 투자를 받으면서 국내 유통시장의 판도를 바꿔 버렸습니다.

아이러니한 점은 다수의 관계자가 쿠팡이 뉴욕증권거래소에 성공적으로 상장하기 직전까지도 회사의 가치가 '오버밸류overvalued'되어 있다는 평가를 쏟아냈다는 것입니다. 여기서도 언급된 것은 '기업은 결국 이익의 함수'라는 논리였습니다. 쿠팡은 이런 비판을 결과로 잠재웠습니다. 과감한 확장으로 시장의 독점적인 위치를 확보 수 있으면 얼마든지 이익 창출이 가능하다는 것을 쿠팡은 보여줬습니다. 이익의 상승은 기업가치로도 연결되어 회사는 여전히 수십조 원의 시가총액을 기록하고 있습니다.

필자가 여기서 강조하고 싶은 부분은 결국 '적정가치'에 대한 정답은 없다는 것입니다. 혹자는 특정 회사가 1,000억 원의 밸류에이션을 받는 게 고평가라고 생각할 수 있지만, 만약 이 회사가 3,000억 원에 상장된다면 1,000억 원이라는 숫자를 버블이라고 부를 수는 없을 것입니다. 결국 이 모든 건 결과론적일 수밖에 없다는 뜻입니다. 옳고 그름을 섣불리 판단할 수 없고, 그래서도 안 됩니다.

다만, 최근 업계 동향을 보자면 '신중론자'의 의견이 더 지배적인 것으로 보입니다. 이익을 이미 내고 있거나, 빠른 시간 안에 이익 창출이 가능한 기업들에 더 주목하는 모양새입니다.

먼저 해외 시장을 보면 공유오피스 스타트업 위워크의 몰락은 뼈아프게 느껴집니다. 위워크는 우버와 함께 실리콘밸리를 대표하는 양대 스타트업 중 하나였습니다. 한때 기업가치가 50조 원에 달했지만 2023년 파산 신청을 결정했습니다. 글로벌 금융위기 이후 이어진 저금리 기조 속에서 탄생한 '수혜주'였으나, 2022년부터 시작된 금리 인상의 후폭풍을 견뎌내지 못했습니다. 이는 비단 위워크만의 문제는 아닙니다. 스타트업 업계는 2011~2021년 사이 전례 없는 호황을 누렸습니다. 저금리 기조 속에 막대한 자본이 몰리면서 스타트업의 기업가치는 천정부지로 치솟았습니다.

2022년부터 인플레이션 이슈는 심각한 사회적·경제적 이슈로 대두되었습니다. 미국 연준은 공격적으로 금리를 올렸고 이는 스타트업 생태계에도 영향을 미쳤습니다. 2022년 기준 전 세계 스타트업의 총투자 금액은 4,151억 달러(약 516조 원)로 전년 6,384억 달러(약 793조 원) 대비 35%가량 감소했습니다.[33] 절대적인 숫자를 보면 여전히 적지 않은 금액이지만 추세적인 흐름이 꺾인 것은 부인할 수 없는 사실입니다. 기업가치 1조 원 이상을 기록한 유니콘 스타트업의 성장 추이도 하락세로 전환했습니다. 2022년 4분기 기준 신규 유니콘 탄생 수는 전년 동기 대비 약 86%가량 떨어졌습니다.

국내도 마찬가지입니다. 2023년 상반기 기준 스타트업이 유치한 투자 금액은 약 2조 3,000억 원으로 전년 동기 대비 70% 가까이 하락했습니다. 누적 투자 건수는 977건으로 전년 동기 대비 40.3% 줄었지만 2021년보다는 13.9%가량 증가했습니다.[34] 2022년 기준으로 보면 전체 투자액은 약 10조 8,000억 원으로 2021년 대비 10% 정도 하락했습니다. 파산 또는 유동성 위기를 경험한 스타트업도 늘었습니다. 규모가 작은 신생기업들뿐만 아니라 수천억 원의 투자를 유치한 대형 스타트업들도 상황은 마찬가지였습니다.

--------------------------------------------------------------

**33** 출처: CB Insights
**34** 출처: 스타트업 얼라이언스

그린랩스, 패스트파이브, 왓챠 등 예비 유니콘으로 구분되던 스타트업들은 2023년 구조조정에 돌입했습니다. 왓챠의 경우 헐값에 경영권 매각까지 시도한 것으로 알려졌으나, 유일한 매수 후보자였던 LG유플러스가 손을 떼면서 진퇴양난에 빠졌습니다. 온라인 교육 플랫폼인 클래스101은 2023년 8월 임대료와 관리비를 지급하지 못해 공유오피스 측으로부터 내용증명 서류를 받은 것으로 알려졌습니다. 샐러드 배송 스타트업인 프래시코드는 약 20만 명의 회원 수를 보유한 유망 스타트업이었지만 2023년 서울회생법원으로부터 파산 선고를 받았습니다.

현재 어려움을 겪고 있는 회사들은 공통적으로 영업손실의 폭이 큰 스타트업들입니다. 손실이 누적되니 보유하고 있는 현금도 빠르게 소진된 것입니다. 이를 메우기 위해서는 투자유치가 필요한데 시장의 유동성은 줄고 있을뿐더러 '적정가치'에 대한 갭gap이 더 커지고 있는 상황입니다. 호황기 때 이미 높은 기업가치에 투자유치를 받은 스타트업 입장에서는 쉽게 밸류에이션을 낮추기는 어렵습니다. 기존 주주들의 이해관계 등이 얽혀 있기 때문입니다.

반면, 투자자들 관점에서는 앞서 언급했듯 신중론이 커지고 있는 상황입니다. 스타트업들의 기업가치가 전체적으로 하향 조정되어야 한다고 보는 것입니다. '적정가치'에 대한 동상이몽은 시장의 온도를 더 차갑게 만들었습니다. 결과적으로, 버티지 못한 회사들은 대규모 구조조정, 회사 매각 또는 파산이라는 극단적인 선택을 해야만 했습니다.

다시 말하지만 정답은 없습니다. 다만 필자의 개인적인 생각을 더하자면 2010년대 초반부터 2020년대 초반까지 이어진 랠리는 다소 과한 부분은 분명히 있었습니다. 예를 들어 실제 사례를 바탕으로 비상장사 A와 상장사 Z를 비교해보겠습니다. 두 회사 모두 공통적으로 딥테크 사업을 지향하고 있고, 속해 있는 산업군은 다르지만 전도유망한 시장에서 사업을 전개하고 있습니다. 2022년 기준 A와 Z의 실적과 기업가치는 다음과 같았습니다.

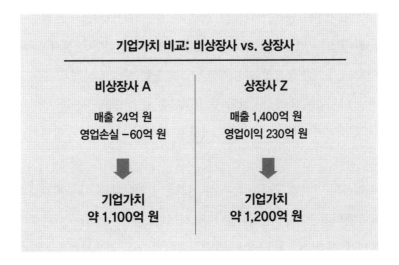

보다시피 상장사 Z의 실적이 압도적으로 높습니다. 두 회사의 전년 대비 성장률은 큰 차이가 없는데, 기업가치는 거의 동일합니다. 비슷한 성장성을 가지고 있는 시장에서 차별적인 기술을 바탕으로 사업을 전개하는 등 공통분모가 꽤 많은 비상장사 A와 상장사 Z이지만, 데이터만 놓고 봤을 때 이들의 밸류에이션은 납득하기 쉽지 않습니다. 비슷한 사례들은 일일이 나열하기 어려울 정도로 많습니다. 상장시장과 비상장시장 간에 엄청난 갭이 존재한다는 뜻입니다.

2022년부터 스타트업의 기업가치는 하향 조정되고 있는 추세입니다. 이런 흐름은 당분간 이어질 듯합니다. 현시점에서 적절한 질문은 '어디까지how deep?' '얼마나 오래how long?'일 것으로 보입니다. 벤처시장도 결국은 전체적인 매크로 시장과의 상관계수가 높을 수밖에 없기 때문에 인플레이션, 금리 등 주요 지표들을 잘 트레킹(추적)할 필요가 있습니다. 조금 더 세부적으로 들어가면 상장시장public market의 추이가 중요합니다. 특히 IPO를 통한 엑시트 사례가 많은 국내 스타트업에게 상장시장의 주가 흐름은 큰 변수로 작용하므로, 당연히 '적정가치'에 대한 고민도 이런 틀 안에서 이루어져야 합니다.

회사의 가치를 구하는 일은 참 어려운 일입니다. 특히 스타트업의 밸류에이션은 더욱더 그러합니다. '사이언스science'보다는 '아트art'의 영역에 가깝습니다. 하지만 시장의 참여자 또는 관계자들은 적정가

치에 대한 고민을 지속적으로 해야 합니다. 정해진 답은 없지만 본인
만의 생각의 프레임을 만드는 것이 중요합니다. 이번 섹션의 이런저
런 관점들이 그 과정에 도움이 되기를 바랍니다.

# 소프트뱅크는 버블 제조기인가

'동양의 빌 게이츠', '아시아의 워런 버핏', '벤처투자의 거물', 모두 손정의 회장을 묘사하는 수식어입니다. 손정의 회장은 재일교포 3세로 일본 최대 IT 투자기업 '소프트뱅크'를 일군 입지전적 인물이죠. 소프트뱅크는 약 110조 원 규모의 기술투자펀드를 운용하는데, 핵심 포트폴리오로는 중국의 거대 온라인 플랫폼 '알리바바', 미국의 모빌리티 슈퍼앱 '우버', 영국 반도체 설계 회사 'ARM', 한국의 '쿠팡' 등이 있습니다. 손 회장은 '정보 혁명으로 사람을 행복하게 한다'라는 이념 아래 아시아를 넘어 전 세계가 주목하는 IT 거인이 됐습니다.

손 회장은 열여섯 살에 학교를 중퇴하고 미국으로 유학을 떠났습니다. 창의력과 독창성을 중시하는 미국의 교육 시스템 안에서 새로운 발명품을 만들고 창업 아이템을 마음껏 고민하는 청소년기를 보냈습니다. 미국 UC버클리 대학 재학 당시에는 하루 한 건씩 1년 동안 발명을 하겠다는 다짐하고, 매일 5분씩 하루도 빠짐없이 발명품 아이디어를 짜는 행위를 습관화했습니다. 그러다 '음성 장치가 달린 다국어 번역기' 발명품 원형을 만들었고, 이 발명품을 샤프전자에 약 1억 엔에 팔아 큰돈을 벌었습니다. 이를 자본금으로 벤처 회사를 창업했고, 현재의 소프트뱅크를 일구게 됐습니다.

손 회장은 미국 유학 중이던 열아홉 살에 다음과 같은 '인생 50년 계획'을 세웠습니다.

> *"20대에는 회사를 세우고 세상에 나의 존재를 알린다. 30대에는 최소 1,000억 엔의 자금을 모은다. 40대에는 조 단위 규모의 중대한 승부를 건다. 50대에는 사업을 완성한다."*

엄청난 패기가 느껴지는 계획입니다. 그리고 이를 실제 현실로 만든 손정의 회장의 실행력을 인정하지 않을 수 없습니다. 무엇보다 놀라운 점은 손 회장이 보여준 '긴 안목'입니다. 시간의 프레임을 50년까지 늘려서 고민할 만큼 미래지향적인 사람입니다.

소프트뱅크는 1980년대에 창업하여 유통 사업을 영위하는 일본의 로컬 중소기업이었습니다. 하지만 1990년대 이후 미국 야후Yahoo에 대한 투자를 시작으로 공격적인 M&A를 진행하면서 빠르게 몸집을 키워 나갔고, 2010년대 후반에는 200조 원이 넘는 규모를 자랑하는 '비전펀드Vision Fund'를 조성하며 글로벌 시장의 '큰손'으로 자리 잡았습니다. 소프트뱅크그룹이 발표한 2021년 3월 결산은 순이익 약 5조 엔(한화 약 45조 원)이라는 놀라운 수치였습니다. 매출액은 약 5조 6,000억 엔이었는데 순이익과 매출액의 차이가 크지 않은 전형적인 투자회사의 모습입니다.

하지만 최근 실적은 과거의 영광스러운 순간만 못 합니다. 2022년 기준 매출액은 약 6조 5,000억 엔(한화 약 60조 원)이었으나, 순손실이 9,701억 엔(한화 약 9조 원) 수준이었고, 대부분의 손실은 비전펀드에서 발생했습니다.

2023년 상반기에도 상황이 안 좋은 건 마찬가지였습니다. 큰 규모를 베팅한 공유오피스 업체 '위워크'가 파산 신청을 진행하면서 약 115억 달러(한화약 16조 원) 수준의 손실을 입게 되었습니다. 이외에도 투자한 스타트업들이 고금리 기조 등으로 인해 전체적으로 부진한 퍼포먼스를 보이면서 어려움을 겪었습니다.

혹자는 소프트뱅크의 시대가 끝났다고 말하기도 합니다. 손정의 회장이 지나치게 높은 기업가치에 대규모 투자금을 베팅하면서 시장의 버블을 형성했다고 주장하는 이들도 많습니다. 필자도 일정 부분 공감합니다. 해외 투자 건은 자세한 내막을 알기 어렵지만 국내에서 집행한 투자의 경우 업계 소식 등을 통해 어느 정도 내용을 파악할 수 있습니다. 가능성이 큰 회사들에 베팅했다는 점은 충분히 이해할 수 있지만, 소프트뱅크가 설정한 밸류에이션이 과연 '정당화justification가 가능할까'라는 의구심이 들기도 했습니다. 최근 실적이 하향세를 보이면서 이런 부정적인 여론들은 점점 늘어가고 있는 추세입니다.

필자의 모교인 뉴욕대학 스턴비즈니스 스쿨에 '아스와스 다모다란Aswath Damodaran' 교수는 인터뷰를 통해 손정의 회장의 실수를 공식적으로 비판했습니다. 그는 "위워크 사태 이전에는 손정의 회장의 소프트뱅크가 영리한 조직이라는 인식이 있었지만, 과거 성공했다는 사실 때문에 자신이 더 많은 것을 알고 있다고 확신했던 것 같고, 결국 이런 오만에 몰락의 씨앗이 숨겨져 있었다"라고 주장했습니다.

하지만 필자의 생각은 다릅니다. 벤처투자는 최근 1~2년만 놓고 평가해서는 안 됩니다. 일반적으로 짧게는 5년, 길게는 10년 이상을 생각하며 투자를 진행하는 것이 VC 투자의 본질입니다. 논란의 중심이 되고 있는 비전펀드도 2030년이 만기입니다. 더 지켜볼 필요가 있다는 뜻입니다. 더불어 소프트뱅크의 손실 상당 부분은 미실현 평가 손실로부터 기인하므로, 실제 현금 유출은 제한적입니다. 2023년 하반기에는 좋은 소식들도 들려왔습니다. 소프트뱅크가 과반 이상의 지분을 보유하고 있는 반도체 기업 'ARM'이 좋은 평가를 받고 상장에 성공했고, 오랜 기간 보유하고 있던 알리바바의 주식도 상당 부분 정리하면서 유동성을 확보할 수 있었습니다.

국내로 한정하면 쿠팡의 사례가 보여줬듯이 게임은 끝날 때까지 끝난 게 아닙니다. 지금은 전통의 유통 강자마저 뛰어넘은 쿠팡이지만 만약 2018년 소프트뱅크로부터 20억 달러 규모의 투자유치를 하지 못했다면 회사는 아마 존폐 위기를 겪었을 것입니다. 손실 규모가 워낙 커서 보유한 현금성 자산이 빠르게 소진되었기 때문입니다. 그 당시에도 소프트뱅크에 대한 여론이 좋지만은 않았습니다. 앞에서도 언급했지만, 지나치게 높은 기업가치에 무리한 금액을 투자하는 것 아니냐는 걱정이 많았습니다. 하지만 손정의 회장의 과감한 베팅은 결국 쿠팡이라는 국내 온라인 유통의 혁신을 만들어냈습니다.

전략적인 측면에서 봤을 때 소프트뱅크는 기업가치가 높아도 압도적인 시장 점유율을 기록할 수 있는 업계 1위 플레이어라면 과감하게 투자를 진행하는 모습을 보였습니다. 그렇다 보니 소프트뱅크가 영업이익보다는 포트폴리오 회사의 원천적인 기술력 또는 거래액·매출액과 같은 톱라인top-line 숫자들을 더 중요하게 생각했음을 어렵지 않게 알 수 있습니다. 다시 복기해서 고민해봐도 충분히 시도할 수 있는 전략이라고 생각합니다. 다만, 현재 같은 보수적인 시장 기조가 이어진다면 소프트뱅크 역시 그에 맞는 적절한 대응과 조정은 필요하다고 봅니다.

소프트뱅크를 맹목적으로 찬양하는 것은 아닙니다. 다만 벤처투자란 원래 본질적으로 큰 리스크를 감내해야 하는 모험자본입니다. 모든 투자가 잘될 수는 없다는 뜻입니다. 10개 중 2개의 성공이 8개의 손실을 뛰어넘을 수 있음은 이미 역사적 사례들을 통해 검증되었습니다. 소프트뱅크가 글로벌 경제에 지대한 영향력을 미치고 있다는 것은 부인할 수 없는 사실입니다. 그렇기에 소프트뱅크와 손정의 회장이 어떤 곳을 바라보고, 어떤 결정을 내리는지 독자들과 함께 고민해볼 가치가 있다고 생각합니다.

# 비상장회사의 엑시트(Exit) 방법론과 IPO

VC가 스타트업에 투자할 경우 투자금을 회수할 수 있는 방법은 크게 'IPO', '매각', '상환'으로 구분할 수 있습니다. 매년 편차가 조금씩 있긴 하지만 대략 90%가량의 회수가 이 세 가지 유형을 통해 이루어집니다.

**그림 10. 유형별 회수 비중**

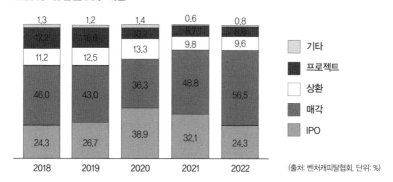

(출처: 벤처캐피탈협회, 단위: %)

국내 VC 시장에서 가장 큰 비중을 차지하는 회수 방법은 '매각'입니다. 여기에는 M&A와 구주매각(기존 비상장기업의 주식을 갖고 있던 구주가 자신의 주식 일부를 넘기는 것)이 모두 포함되는데, 한국의 경우 M&A를 통한 회수 케이스는 시장 규모에 비해 적은 편입니다. 대부분은 기업의 IPO 시점이 펀드 만기일과 맞지 않아 다른 VC에게 지분을 매각하는 방식이 많습니다. 2018년 기준 미국의 벤처투자는 M&A를 통한 회수 비중이 약 45%를 차지했지만, 한국의 경우 2019년 기준 해당 수치가 0.5% 수준에 불과했습니다.[35] '상환'을 통한 회수도 비중이 작지는 않지만 대부분 원금 수준에 불과하기 때문에 의미 있는 엑시트Exit로 보기는 어렵습니다.

결국 한국 VC와 스타트업 생태계에서 가장 비중이 높은 (실질적) 회수 창구는 IPO라고 볼 수 있습니다. 앞서 언급한 VC 간에 구주를 서로 사고파는 경우도 면밀히 살펴보면, IPO 시점이 임박한 후기 단계의 딜들이 많습니다. 경험 많은 VC들은 회수 가능성이 큰 포트폴리오와 회수 가능성이 작은 포트폴리오를 섞어서 패키지로 팔기도 하지만, 성사되는 것이 쉽지는 않습니다. 다시 말해, 한국의 벤처 생태계를 보다 정확히 파악하기 위해서는 IPO를 잘 이해할 필요가 있습니다.

---

**35** 출처: 중소벤처기업부, 코리아스타트업포럼

일단 IPO의 사전적 정의를 살펴보겠습니다.

## IPO란 무엇인가?

IPOInitial Public Offering란 비상장기업이
유가증권 시장이나 코스닥 시장에 상장하기
위해 그 주식을 법적인 절차와 방법에 따라
주식을 불특정 다수의 투자자에게 팔고
재무내용을 공시하는 것이다. ➡ 기업공개

IPO는 Initial Public Offering의 약자이고, 이걸 한글로 풀면 기업공개 정도로 요약할 수 있습니다. 쉽게 설명하면 스타트업과 같은 비상장기업이 '비공개' 상태에서 '공개' 상태로 전환되는 것을 뜻하는데, 공개된 기업의 주식은 비상장회사들과 달리 자유롭게 주식시장에서 거래가 가능합니다.

스타트업이 IPO를 진행하면 불특정 다수의 투자자에게 주식을 팔고 자본을 조달할 수 있는 등 여러 혜택이 존재합니다. 하지만 미국의 경제학자 밀턴 프리드먼이 얘기했듯 세상에 공짜 점심은 없습니다. IPO라는 특권을 얻기 위해서는 일단 몇 가지 조건(예: 매출 규모, 이익 규모, 성장성 등)이 선행적으로 충족되어야 합니다. 더불어 기존에 비공개로 처리가 가능했던 회사의 내부 정보와 재무 상태 등을 투명하게 공시해야 하는 의무가 부여됩니다. 상장 후에도 특정 기준점을 넘어서지 못하면 '상장폐지'를 당할 수도 있습니다. 준비부터 실행까

지 결코 쉽지 않은 과정입니다.

이런 IPO를 통해 엑시트에 성공한 대표적인 스타트업들은 다음과 같습니다.[36] 미국 NYSE(뉴욕증권거래소)에 상장한 쿠팡은 의심의 여지없이 아주 상징적인 사례입니다. 수십조 원의 기업가치를 인정받으며 약 2조~3조 원 수준의 시가총액을 기록하고 있는 이마트의 밸류를 뛰어넘었습니다. 이외에도 코스피에 상장한 스타트업 중에는 게임 회사인 크래프톤과 모빌리티 회사인 쏘카 등이 있습니다. 코스닥에는 포스트 코로나 시점부터 더 뜨거워진 인공지능AI, 로봇 관련 스타트업들이 많습니다. 루닛, 뷰노는 대표적인 AI 헬스케어 회사이고, 레인보우로보틱스는 상장에 성공한 로봇 관련주 중 하나입니다.

IPO는 장점과 단점이 공존합니다.

먼저 가장 큰 장점은 기업의 자금조달이 원활해진다는 것입니다. 상장기업 같은 경우에는 공개된 시장에서 주식이 자유롭게 거래되기 때문에 비상장기업보다 더 쉽게 유상증자와 같은 방법을 통해 자금조달이 가능합니다. 교환 사채와 같은 신종 사채 발행도 용이한 편입니다. 그래서 비상장기업보다 더 적은 비용으로 다양한 옵션을 활

------------------------------------------------------------

**36** 비교적 최근에 상장했고 대중들에게 상대적으로 친숙한 회사들 위주로 정리했다.

용하여 자금조달이 가능하다는 장점이 있습니다. 더불어 기업의 인지도를 높일 수 있다는 '명예적'인 측면도 존재합니다. 아무래도 상장을 하게 되면 일단 특정 조건 이상을 충족했음을 방증하는 것이기 때문에 속된 말로 먹고 들어가는 게 상당 부분 있습니다. 오너 개인의 관점에서 봤을 때도 그러합니다. 상장사의 대표가 된다는 것은 기업인으로서 무척 영예로운 일이고, 홍보 효과도 큰 편입니다. 여러 매체와 증권 기관 등을 통해 회사를 자연스럽게 노출시킬 수 있습니다. 이 과정에서 국내외 투자자에 대한 기업 인지도와 브랜드 가치가 상승하게 됩니다.

상장사들은 법적인 혜택도 상당히 많습니다. 일단, 상장기업은 정관 기재 시 이사회 결의만으로도 주주 외 제3자에 대한 신주 모집이 가능합니다. 상속 또는 증여 시 주식 평가는 세법상 산식으로 하는 대신, 평가일 전후 2개월간 최종 시세의 평균액으로 하게 됩니다. 소액 주주의 경우는 장내 거래 시 주식 양도세가 비과세됩니다. 주주들의 관점에서는 이익 실현이 용이하다는 장점도 존재합니다. 비상장 주식은 거래가 자유롭지 못하지만 상장주식은 사고파는 것이 훨씬 더 용이합니다. 주주 관점에서도 비상장인 상태일 때보다 더 쉽게 투자금을 회수할 수 있다는 뜻입니다.

단점도 분명 있습니다. 일단 상장기업은 지분이 다수의 주주에게 분산되기 때문에 경영자(오너)의 관점에서는 회사에 대한 지배력이 약화되는 상황이 발생할 확률이 높습니다. 소액주주가 늘다 보니 경영권에 간섭하는 사람들이 늘어날 가능성도 커집니다. 상법상 1% 이상 지분을 소유한 주주는 원칙적으로 회사에 소의 제기를 청구할 수 있고, 3% 이상의 지분만 있으면 임시 총회를 소집 청구하거나 회계장부 열람을 요청할 수 있는 권한 등이 생기게 됩니다.

마지막으로, 앞서 언급했듯이 공시 의무가 대폭 강화된다는 부분이 있습니다. 비상장기업들은 일반적으로 감사를 받는 경우에 한해서 회계법인을 통해 외부 감사 보고서만 공시하면 됩니다. 반면 상장기업 같은 경우는 증권 내용이나 기업 재산, 주요 경영 상태 등 기업의 주요 정보를 정기적·수시적으로 공시해야 하는 법적 의무가 부여됩니다. 그렇다 보니 회사 입장에서는 아무래도 신경을 써야 하는 관리 포인트들이 늘 수밖에 없습니다.

| IPO의 장점과 단점 | |
| --- | --- |
| **장점** | **단점** |
| 자금조달 원활<br>기업 인지도 Up<br>다양한 법적 혜택<br>주주의 이익 실현<br>: | 지배력 약화<br>소액주주 경영 간섭<br>공시 의무 강화<br>: |

이처럼 상장사의 길을 걷는 건 장점과 단점이 모두 있는데, 그럼에도 불구하고 IPO를 진행하겠다는 의사결정이 이루어지면 그다음은 '어떻게how'가 중요한 질문이 될 것입니다. 상장 심사는 크게 두 가지 트랙 중 하나로 진행됩니다. '일반상장'과 '특례상장'이 있는데, 스타트업들이 가장 많이 선택하는 코스닥 시장의 경우 다음과 같은 기준점을 가지고 있습니다.

### 그림 11. 코스닥 시장 상장 유형 개요

**코스닥시장 상장요건** (2023.07.05 기준)

| 구분 | 일반기업(벤처 포함) | | 기술성장기업* | |
|---|---|---|---|---|
| | 수익성·매출액 기준 | 시장평가·성장성 기준 | 기술평가 특례 | 성장성 추천 |
| 주식분산 (택일) | 1. 소액주주 500명 & 25% 이상, 청구 후 공모 5% 이상(소액주주 25% 미만 시 공모 10% 이상)<br>2. 자기자본 500억 이상, 소액주주 500명 이상, 청구 후 공모 10%이상 & 규모별 일정 주식 수 이상<br>3. 공모 25% 이상 & 소액주주 500명<br>4. 국내외 동시공모 20% 이상 & 국내 공모주식 수 30만 주 이상 & 소액주주 500명<br>5. 청구일 기준 소액주주 500명 & 모집에 의한 소액주주 지분 25% (or 10% 이상 & 공모주식 수가 일정 주식 수 이상)<br>* 자기자본 500억~1,000억: 100만 주, 자기자본 1,000억~2,500억: 200만 주, 자기자본 2,500억 이상: 500만주(시가총액 기준은 자기자본 금액의 2배) | | | |
| 경영성과 및 시장평가 등 (택일) | 1. 법인세비용차감전계속사업이익 50억 원<br>2. 법인세비용차감전계속사업이익 20억 원 [벤처: 10억 원] & 시총 90억 원<br>3. 법인세비용차감전계속사업이익 20억 원 [벤처: 10억 원] & 자기자본 30억 원[벤처: 15억 원]<br>4. 법인세비용차감전계속사업이익 있을 것 & 시총 200억 원 & 매출액 100억 원[벤처: 50억 원] | 1. 시총 1,000억 원<br>2. 시총 500억 & PBR 200% 이상<br>3. 시총 500억 & 매출 30억 & 최근 2사업연도 평균 매출 증가율 20% 이상<br>4. 시총 300억 & 매출액 100억 원 이상[벤처 50억 원]<br>5. 자기자본 250억 원<br>6. 코넥스 법인이 다음 요건 충족할 것<br>– 시총 750억 원 이상<br>– 최근 1년 일평균 거래대금 1억 원 이상<br>– 소액주주 지분 20% 이상 | 1. 자기자본 10억 원<br>2. 시가총액 90억 원<br><br>• 전문평가기관의 기술 등에 대한 평가를 받고 평가결과가 A–BBB등급 이상일 것 | • 상장 주선인이 성장성을 평가하여 추천한 중소기업일 것 |
| 감사의견 | 최근 사업연도 적정 | | | |
| 경영투명성 (지배구조) | 사외이사, 상근감사 충족 | | | |
| 기타 요건 | 주식양도 제한이 없을 것 등 | | | |

\* 기술성장기업 : 전문기관 기술평가(복수) 결과 A & BBB 등급 이상인 기업

(출처: 신한투자증권)

'일반상장'에서는 말 그대로 회사의 전반적인 실적과 재무 상태를 기준으로 평가가 진행됩니다. 예를 들면 '매출액 기준 100억 원 이상의 실적', '이익 20억 원 이상'과 같은 기본적인 조건들을 충족했을 때 상장 심사를 받을 수 있습니다. 수익성이 아닌 성장성을 기준으로 본다고 하면 최근 2개년도의 평균 매출 증가율이 20% 이상(단 매출액도 30억 원 이상)과 같은 조건들을 충족하면 상장 심사가 가능합니다.

'기술특례상장'은 내용이 조금 다릅니다. 일단 기술성장기업 트랙 같은 경우는 유의미한 수준의 실적이 나오지 않아도 상장 절차를 밟을 수 있습니다. 대신, 전문 평가기관 2곳에서 기술 평가를 받아야 하고, 이 기관들로부터 A등급, BBB등급 이상을 받아야 한다는 전제 조건이 붙습니다.[37] 자기자본은 10억 원이 넘어야 하지만 VC 투자를 받은 이력이 있는 스타트업들은 보통 해당 조건을 어렵지 않게 충족할 수 있습니다. 결국 여기서 핵심은 기술력입니다. 우수한 기술력을 가지고 있지만 재무 요건을 충족하지 못한 벤처기업을 위한 제도인 것입니다.

-----------------------------------------------------------------

**37** 기술 등급은 AAA, AA, A, BBB, BB, B와 같은 순서로 진행된다. AAA가 가장 높은 등급이다. 기술특례상장을 위해서는 기관 1개가 A 이상을 주고 또 다른 기관이 BBB 이상을 줘야 한다. 예를 들어, 한 곳에서는 A를 줬는데 다른 곳에서 BB를 주면 안 된다. 한 곳에서 AA를 받아도 다른 곳에서 BB 이하의 등급을 주면 마찬가지로 진행이 안 된다. 두 곳에서 모두 BBB를 받는 것도 당연히 진행이 불가한 케이스다.

앞서 상장사의 예시로 언급한 AI 회사들 같은 경우가 대부분 이 기술특례상장 트랙을 통해 IPO를 진행했습니다. 2010년대 후반과 2020년대 초반에 인공지능 기반의 바이오/헬스케어 기업들이 강세를 보이며 다수의 회사가 상장에 성공했는데, 이때 기업공개를 진행한 대부분의 스타트업은 이 특례 조항을 통해 IPO가 진행되었다고 봐도 무방합니다.

여기까지 어떤 조건이 충족되면 상장 절차를 밟을 수 있는지 대략적으로 살펴봤습니다. 다음으로 풀어봐야 하는 질문은 '이런 회사들에 대한 가치 측정valuation은 어떻게 하는가?'입니다. 몇 가지 유용한 금융 기법들이 있지만, 시장에서 가장 보편적으로 사용하고 있는 '유사기업 비교법'을 설명해보겠습니다.

예를 들어 상장을 준비하고 있는 회사 S가 있습니다.[38] 이 회사는 보안 관련 솔루션 사업을 영위하는 소프트웨어 회사입니다. 회사의 2020~2022년 실적과 2023~2026년 예상치는 다음과 같습니다(표 6).

---

**38** 실제 사례를 참고했으나 정확한 숫자는 아님을 참고 바란다. 계산상 편의를 위해 최대한 단순화한 예시다.

## 표 6. S사의 실적 및 예상 매출

(단위: 억 원)

| 구분 | 2020 | 2021 | 2022 | 2023E | 2024E | 2025E | 2026E |
|---|---|---|---|---|---|---|---|
| 매출 | 5 | 12 | 30 | 60 | 100 | 300 | 500 |
| 영업이익 | 1 | 3 | 5 | 16 | 60 | 120 | 230 |
| 당기순이익 | 0.8 | 2 | 4 | 12 | 48 | 90 | 170 |

첫 번째 스텝은 피어Peer 그룹 선정입니다. 쉽게 말하면 비슷한 회사를 걸러내는 작업입니다. 예시로 든 회사는 보안 솔루션을 공급하는 '소프트웨어' 회사이니 유사한 회사들을 먼저 찾습니다. 표준산업코드로 보자면 〈응용소프트웨어 개발 및 공급업(J58222)〉 〈컴퓨터 프로그래밍 서비스업(J62010)〉 〈시스템 소프트웨어 개발 및 공급업(J58221)〉 등이 있을 것입니다. 이런 방식으로 대략 100개 정도의 회사를 리스트업하고, 여기서 외형 조건이 비슷한 회사로 한 번 더 필터 작업을 진행합니다. 다음에는 이 중에서도 매출의 구성이 비슷한 회사를 6개 정도만 추려내고, 6개 회사 중에서도 유사성 및 적합성이 가장 높은 3개의 회사를 최종적으로 선정합니다.

이런 방식으로 몇 개의 유사기업이 선정되면 이 회사들의 실적과 시가총액을 기준으로 적용할 만한 '멀티플multiple'을 구합니다. 일반적으로 제일 많이 사용하는 멀티플은 PER, 즉 이익 대비 시가총액이 얼마인지를 나타내는 밸류에이션 멀티플입니다.

앞서 선택한 3개 회사의 PER을 계산하면 다음 [표 7]에 있는 숫자를 도출할 수 있습니다. 이 숫자들의 평균치를 계산하면 약 26.7배가 나옵니다. 유사기업들의 평균 PER을 2025년 예상 당기순이익[39]에 곱하면 약 2,400억 원의 '지분가치Equity Value'를 산출할 수 있습니다.

## 표 7. S사의 피어 그룹 및 예상 지분가치

| 구분 | 당기순이익<br>(지배, 억 원) | 시가총액<br>(억 원) | 사업개요 | PER(배) |
|------|------|------|------|------|
| 유사기업 1 | 40 | 1,200 | 암호/인증 등 정보 보안 제품 제공, 시스템 단말 보안 사업 영위 | 30.0 |
| 유사기업 2 | 61 | 980 | 글로벌 인증 서비스 사업, 인공지능 보안 사업 등을 영위 | 16.1 |
| 유사기업 3 | 59 | 2,000 | 바이오 인증 사업, 인증서 사업, 통합 보안 인증 등을 주요 사업으로 영위 | 33.9 |
| 유사기업 4 | 3 | 1,120 | 핀테크 기업 대상 보안 솔루션 인증 서비스 제공 | 373.3 |
| 유사기업 5 | 117 | 1,050 | 암호기술 기반의 보안 솔루션 서비스 공급 | 9.0 |
| 유사기업 6 | 78 | 500 | 통합 보안 시스템 구축 및 블록체인 인증 사업 등을 영위 | 6.4 |
| | | | 최종 3개 사의 평균 PER 26.7 | |
| | | | 회사 2025년 예상 당기순이익(90억 원)×PER(26.7배) = 2,399억 원 | |

---

[39] 참고로, 해당 예시에서는 회사가 2026년 초에 상장함을 가정하고 2025년 예상 당기순이익을 기준점으로 활용했다.

IPO를 주관하는 증권사에서는 이와 같은 방법을 통해 지분가치를 측정하고 이를 시장에 설득하기 위해 노력합니다. 하지만 최종적인 상장가는 결국 시장의 수요와 공급에 의해 결정됩니다. 더 낮은 금액이 책정되면서 하한가로 갈 수도 있고, 반대로 더 높은 금액이 책정되면서 상한가를 기록할 수도 있습니다. 필자 역시 시장에서 더 많은 사례를 직접 경험하면서, 밸류에이션은 '사이언스'보다는 '아트'의 영역에 더 가깝다는 생각을 많이 하게 되었습니다.

이런 과정들을 모두 거쳐 IPO를 성공적으로 진행한다고 해도 거기서 끝나는 것이 아닙니다. 사후관리에서 알아야 할 몇 가지 중요한 포인트에 대해서 간단하게 얘기해보겠습니다.

일단, 상장을 하고 나면 주요주주와 창업자들은 주식을 바로 팔지 못한다고 보면 됩니다. 최소 6개월에서 1년 정도는 의무적으로 주식을 보유해야 하는 조건이 붙게 되고, 특정 상황에서는 이런 의무 보유기간이 더 늘어날 수도 있습니다. 상장사라는 존재는 비상장사와 달리 일반 개인 투자자들도 쉽게 투자할 수 있기 때문에 그만큼 더 많은 책임감이 요구됩니다.

그렇기에 상장사들은 IPO를 하는 것도 어렵지만 유지를 하는 것도 만만치 않습니다. 예컨대 연매출이 30억 원 밑으로 줄거나 4년 연속 영업손실 등이 발생하면 관리종목으로 지정될 수 있습니다. 근본적인 문제 해결이 안 된다면 종국에는 상장폐지라는 결과로 이어집니다. 다만, 기술특례로 상장한 기업의 경우는 관련 규정이 조금 더 관대한 편입니다. 아무래도 실적보다는 기술력 또는 사업 모델의 가능성을 보고 IPO를 승인해줬기 때문에 더 너그러운 기준이 적용된다는 점도 참고하면 좋겠습니다.

**표 8. 상장 후 관리종목 선정 기준**

| 구분 | 일반기업 | | 기술상장기업 | | SPAC 합병 |
| | 수익성·매출액 기준 | 시장평가 성장성 기준 | 전문평가 특례 | 성장성 추천 | |
|---|---|---|---|---|---|
| 매출액 | 매출액 30억 원 미만 ⇨ 관리종목 | 상장 후 5년간 적용 유예 | 상장 후 5년간 적용 유예 | | 일반기업과 동일 |
| 대규모 법인세차감 전 계속사업손실 | 자기자본 50% 초과 법인세차감전 계속 사업손실이 최근 3년간 2회 이상 발생 ⇨ 관리종목 | 상장 후 5년간 적용 유예 | 상장 후 3년간 적용 유예 | | 일반기업과 동일 |
| 연속 영업손실 | 4년 연속 영업손실 발생 ⇨ 관리종목 | 4년 연속 영업 손실 발생 ⇨ 관리종목 | 해당 요건 미적용 | | 일반기업과 동일 |

(출처: 신한투자증권)

# NYSE와 NASDAQ의 차이점

앞서 예시에서 국내 기업 중 쿠팡이 미국 NYSE에 상장되었음을 언급했습니다. 흥미롭게도 많은 분이 뉴욕증권거래소와 나스닥의 차이점에 대해서 헷갈려 합니다. 큰 문제는 없지만 많은 한국의 유니콘이 미국 상장을 고려하고 있는 만큼 간단하게 정리해보겠습니다.

일단 미국 내 주식거래소는 크게 세 곳으로 나뉩니다. 가장 역사가 긴 곳이 바로 뉴욕증권거래소NYSE, New York Stock Exchange입니다. 1792년에 설립된 거래소로 전통의 강자인 제너럴일렉트릭, 보잉, 맥도날드, 포드와 같은 회사들이 상장되어 있습니다. 한국으로 따지면 코스피와 비슷한데, 그만큼 상장 조건과 기준이 까다롭고 엄격합니다(유지비용도 많이 드는 편입니다).

또 다른 유형은 나스닥NASDAQ, National Association of Securities Dealers Automated Quotations입니다. 1971년에 개장되어 뉴욕증권거래소보다는 역사가 짧은 편입니다. 뉴욕증권거래소와 달리 사람이 직접 주식 매매를 하지 않고 처음부터 자동거래 시스템을 적용했습니다. 아마존, 애플, 테슬라, 구글과 같은 빅테크 기업들이 상장되어 있습니다. 나스닥은 뉴욕증권거래소보다는 상장 기준이나 유지 조건이 덜 까다로운 편입니다. 테크 스타트업들이 빠르게 자금조달을 하기 위한 창구로 많이 활용했고, 지금은 미국 기업 시가총액 Top 10 중 대다수가 나스닥 상장기업입니다. 한국 기준으로는 코스닥과 유사한 개념입니다.

이 외에도 아메리카증권거래소AMEX, American Stock Exchange가 운영되고 있는데 앞서 언급한 2개의 거래소에 비해 상장이나 유지 조건이 가장 낮습니다. 1920년대에 뉴욕증권거래소 밖에서 이루어지던 노상 시장 거래를 조직화하여 만들어진 거래소입니다. 소규모 기업, ETF, 뮤추얼펀드Mutual fund 위주로 구성되어 있습니다.

# 스팩(SPAC) 상장 케이스 스터디

상장에는 일반 상장뿐만 아니라 스팩SPAC 상장이라는 우회적인 방법도 존재합니다.

**그림 12. 스팩 상장의 기본 개념**

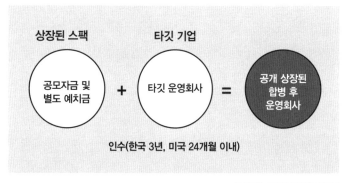

(출처: 나는 그랩과 우버에 투자했다)

스팩의 사전적 정의는 '인수합병을 목적으로 설립된 페이퍼 컴퍼니'입니다. 비상장회사가 합병을 통해 주식시장에 우회 상장을 하기 위한 방법으로 만들어진 '서류상에만 존재하는 기업' 정도로 생각하면 됩니다. 예컨대 동남아 슈퍼앱 그랩의 경우 '알티미터그로스'라는 페이퍼 컴퍼니가 이미 거래소에 상장되어 있었습니다. 그리고 그랩이라는 동남아시아 플랫폼 기업과 합병되면서 'GRAB'이라는 티커로 변경되어 나스닥에서 2021년 12월 2일부터 거래가 시작된 것입니다.

스팩합병의 장점은 상대적으로 간편한 절차입니다. 일반적인 IPO의 경우 기관들이 수요 예측을 통해 공모가 밴드를 정한 후 공모가가 확정되는 구조입니다. 이로 인해 공모자금 규모가 바뀔 가능성이 있다는 뜻입니다. 하지만 스팩합병 상장은 이미 주식시장에 상장된 스팩의 자금이 있기 때문에 공모자금의 규모를 예측할 수 있습니다. 더불어 스팩합병 상장은 합병상장에 대한 심사 승인이 나면 외부 변수 없이 상장이 가능하기 때문에 빠른 '딜deal'이 가능합니다(일반적인 IPO 절차의 경우 매크로 경제지표 변수, 공모 흥행 실패 등의 외부 요소로 인해 상장이 연기되기도 합니다).

스타트업의 메카인 미국 시장의 경우 한동안 스팩 열풍이 불었습니다. 2020년 기준으로 미국 주식시장의 스팩 상장은 248개로 집계되었는데, 이는 당해 연도에 미국 증시에 상장한 기업들 총수의 55%에 해당하는 수치입니다. 사모펀드, 헤지펀드, 투자은행 등 다양한 투자자들과 스팩 설립자들이 함께했습니다. 여기에 연예인, 스포츠 스타, 부동산 재벌 등도 스팩 투자를 공개적으로 지지하며 열풍에 힘을 더했습니다.

앞서 예시로 언급한 그랩의 스팩 상장 사례를 조금 더 살펴보겠습니다. 그랩이 스팩 상장을 결정한 가장 큰 이유 중 하나도 바로 '속도'입니다. 그랩은 동남아 시장에서 고젝 같은 모빌리티 플랫폼들과 경쟁하고 있습니다. 높은 시장 점유율을 기록하고는 있지만 아직 안심하기는 이른 상황이기에 2등 업체와의 격차를 더 빠르게 벌리고자 대규모 자금조달에 열을 올렸습니다. 특히 경쟁사인 고젝이 인도네시아 전자상거래 업체 토코피디아와 합병하면서 몸집을 키웠기 때문에 그랩 경영진 입장에서는 시간에 대한 압박이 상당히 컸던 것으로 파악됩니다.

여담으로, 여기서 한 가지 흥미로운 점은 바로 '하버드 커넥션'입니다. 그랩과 합병한 스팩인 알티미터그로스를 운영하는 알티미터캐피탈의 CEO '브래드 거스터너'는 그랩의 창업주인 앤서니 탄과 하버드대학 경영대학원 동문입니다. 하버드 동창들의 주선으로 2021년 초에 처음 만남을 가진 것으로 알려졌는데, 이후 단 3개월 만에 초대형 딜에 합의하게 된 것입니다. 이 과정에서 알티미터캐피탈은 보유한 그랩의 지분을 3년간 팔지 못한다는 록업 lock-up 조항을 걸었는데, 주요 관계자들은 브래드 거스터너가 보여준 이런 믿음들이 앤서니 탄을 설득하는 데 큰 역할을 했다고 보고 있습니다.

# 04

# 스타트업 M&A

이제 M&A에 대해 살펴보겠습니다. 국내에서 진행된 대표적인 M&A 사례로는 일단 '배달의민족' 서비스를 운영하는 '우아한형제들'을 빼놓을 수 없습니다. 수조 원의 가치를 인정받고 독일 회사인 '딜리버리히어로'에 매각이 진행되었습니다. 딜리버리히어로가 우아한형제들의 지분 약 87%를 인수하고, 양사가 절반씩 지분을 보유하는 합작회사를 싱가포르에 설립하는 구조였습니다.

이외에도 '수아랩'이라는 인공지능 기반 기술회사가 미국 나스닥 상장사에 2,300억 원에 매각된 사례가 있었습니다. 그리고 '스타일난다'라는 B2C 커머스 회사가 '로레알'에 M&A 되는 등 몇몇 대형 딜이 국내에서도 진행된 바 있습니다. 소규모 거래도 있었습니다. 모

## 그림 13. 우아한형제들×딜리버리히어로 M&A 구조

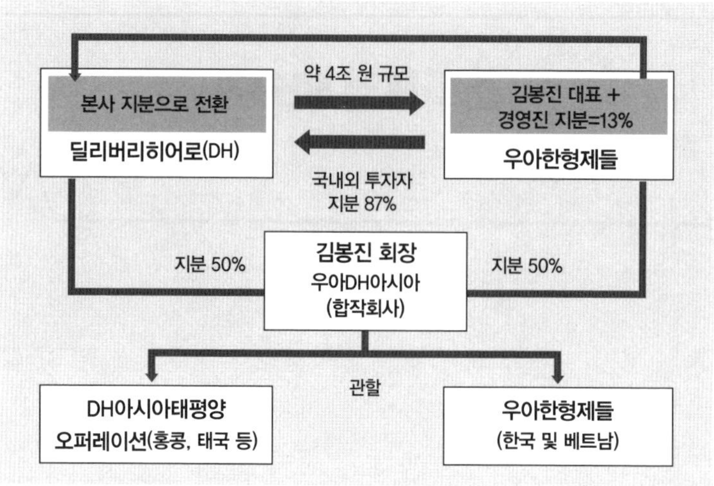

**약 4조 원 규모**

본사 지분으로 전환
**딜리버리히어로(DH)**

김봉진 대표 +
경영진 지분=13%
**우아한형제들**

국내외 투자자
지분 87%

지분 50%

**김봉진 회장
우아DH아시아
(합작회사)**

지분 50%

**DH아시아태평양
오퍼레이션(홍콩, 태국 등)**

관할

**우아한형제들
(한국 및 베트남)**

(출처: 동아일보)

빌리티 기업 '쏘카'는 '일레클[40]' 서비스를 운영하는 '나인투원'의 지분 100%를 인수한 바 있습니다. '삼프로TV'를 운영하는 '이브로드캐스팅'은 스타트업 관련 온·오프라인 콘텐츠 제작에 강점이 있는 '아웃스탠딩'의 지분 약 90%를 인수한 것으로 파악됩니다.

그럼 이제 스타트업 M&A가 어떤 절차를 통해 진행되는지 살펴보겠습니다. M&A 과정 중에 실무 현장에서 빈도수가 높은 Q&A에 대해서 핵심적인 내용만 요약해 정리해보겠습니다.

---

**40** 일레클(Elecle)은 2018년 설립되어 전국 주요 도시에서 공유 전기자전거 사업을 진행하고 있다.

## 질문 1. 스타트업 M&A의 일반적인 절차 및 각 단계별 주요 문서는?

스타트업 M&A는 중견기업/대기업 M&A와 전체적인 맥락은 비슷하지만 규모가 작은 만큼 전반적인 절차를 간소화하여 진행하는 경우가 많습니다. 일단 M&A가 이루어지기 위해서는 회사를 파는 '매도자'와 회사를 사는 '매수자'가 필요합니다. 회사를 팔고 싶은 매도자는 일반적으로 회사의 주요 정보를 요약한 소개자료Teaser를 작성합니다. 소개자료는 잠재적 매수자들에게 전달됩니다. 검토 후 투자의향이 있는 매수자들은 비밀유지협약서Non-Disclosure Agreement, NDA를 작성한 후 대상 회사에 대한 더 포괄적인 정보를 수령하게 됩니다. 이때 인수의향서Letter of Intent, LOI도 함께 제출하는 경우가 있습니다. 하지만 상대적으로 작은 규모의 스타트업 딜에서는 LOI는 생략되는 경우가 많습니다. 단, 검토 과정에서 회사의 주요 정보가 유출되어 사업적 데미지를 받을 수 있는 가능성이 있기 때문에 NDA는 반드시 수령해야 합니다.

이어서 매수자는 실사를 진행합니다. 법률, 재무, 세무 등 여러 관점에서 거래에 영향을 미칠 수 있는 요소들을 파악하여 전문가 집단을 통해 세밀한 검토가 이루어집니다. 실사가 마무리되면 검토 결과를 바탕으로 매수자와 매도자 간 세부적인 협상이 진행됩니다. 주요 조항에 대해 합의점을 도출하면 계약서 작업을 진행합니다. 이때 가장 핵심적인 계약서로는 주식매매계약서Share Purchase Agreement, SPA와 주주간계약서Shareholders Agreement, SHA가 있습니다.

SPA와 SHA의 가장 큰 차이점은 계약을 체결하는 주체입니다. SPA는 창업자가 아닌 회사와 체결하는 계약이라고 보면 됩니다. 법인 주식의 '매매purchase'를 위해 필요한 조항 및 조건 등을 법률적으로 증명하는 문서입니다. SHA는 회사가 아닌 주주들과 체결하는 계약서입니다. 스타트업 M&A를 하게 되면 가장 핵심적인 이해관계인은 보통 창업주입니다. 하지만 창업주 외에도 여러 주주가 있는 경우가 많은데, 회사에 선제적으로 투자한 VC들이 대표적인 예입니다. 매수자가 매도자의 회사를 인수하기 위해서는 창업주를 포함한 주요주주들과의 이해관계가 명확하게 정리되어야 합니다. SHA는 이런 문제점을 해결해줍니다.

주주들 간의 의무와 권리, 사업 운영과 관련된 사항 등을 명문화하는 계약서가 바로 SHA입니다. 참고로 M&A가 아닌 스타트업의 소수 지분 투자를 위한 표준 계약서는 SPA와 SHA를 합친 방식을 사용합니다. 스타트업 표준 계약서에 대한 내용은 다음 장에서 더 깊이 있게 다뤄보도록 하겠습니다.

계약을 체결하고 매매대금까지 지급이 완료되면 거래가 종결됩니다. 거래 종결 이후에는 '사후통합과정Post Merger Integration, PMI'을 진행합니다. 매수자의 관점에서는 PMI가 특히 중요합니다. 인수한 법인이 기존의 조직과 잘 통합될 수 있도록 지속적인 노력이 필요합니다. 시스템, 인사, 문화, 전략 등 여러 영역에서 융합을 끌어내야 합니다. 유의미한 매출이 있었다면 기존 고객 관리도 중요합니다.

국내외 여러 사례를 통해 정량적·정성적 통합이 M&A의 '핵심 성공 요소key success factor'로 부각되고 있습니다. 필자 역시 M&A 전체 과정에서 가장 힘들었던 부분이 '정서적 합병'이었습니다. 스타트업은 작은 조직입니다. 규모가 있는 스타트업이라고 해도 결국은 스타트업입니다. 작은 변화가 구성원에게 주는 영향이 클 수밖에 없습니다. 그렇다 보니 기존 구성원(특히 리더급)들은 새로이 인수한 회사에 대해 경계심을 갖는 경우가 많습니다. 이들에게 인수합병의 당위성을 설명하고 공감대를 형성하는 작업이 무척 중요합니다.

이런 노력에도 불구하고 정치적인 목적으로 끊임없이 방해 공작을 하는 내부 세력이 있다면 과감한 의사결정이 필요하다고 생각합니다. 스타트업은 큰 기업들보다 더 빠르고 날카롭게 움직여야 합니다. 이를 위해서는 미래지향적인 사고와 자세가 필요합니다. 과거에 머무르는 조직은 성장은커녕 생존 자체가 어려울 수 있습니다. M&A에서 PMI라는 과정이 그만큼 중요하다는 뜻입니다.

## 질문 2. 기업가치 평가 방법 및 매각 가치 극대화 전략은?

스타트업은 비상장사이기 때문에 기업가치를 측정하는 기준이 모호한 편입니다. 그래서 보통 기준점이 되는 포인트는 가장 최근에 VC와 같은 기관들로부터 인정받은 밸류에이션입니다. 예컨대 M&A 검토 전에 1,000억 원 기업가치에 투자유치를 성공했다면 1,000억 원을 기준으로 플러스 마이너스인 경우가 많습니다. 여기에 경영권 프리미엄을 20~30% 범위 내에서 인정하여 지분가치를 산정하는 케이스가 많았습니다.

투자를 받을 당시 밸류에이션이 기준점이 되는 이유 중 하나는 그 밑으로 떨어지면 주주동의를 받기 어렵기 때문입니다. M&A와 같은 안건은 주요 경영사항이기에 주주들의 전원 동의 또는 최소 과반 이상의 동의를 받아야 합니다. VC 입장에서는 본인들이 투자한 금액보다 낮은 지분가치에 손해 보면서 주식을 팔고 싶지 않을 것입니다. 특히 성장성이 명확한 회사라면 더욱더 그러합니다.

스타트업 M&A에서 가치를 결정하는 것은 결국 매수자와 매도자의 '의지'입니다. 지불하고 싶은 금액과 팔고 싶은 금액이 비슷한 수준에서 형성되면 협상이 가능합니다. 다만, 협상을 위해서는 조금 더 세밀한 논리가 필요합니다. 이때 사용되는 몇 가지 고전적 가치평가 방법들을 [표 9]에 정리했습니다.

**표 9. 기업가치 평가의 일반적 방법**

| 구분 | 주요 개념 | 밸류에이션 기준 | 비고 |
|---|---|---|---|
| 이익기준 평가법 | 대상 회사의 현금창출 능력을 바탕으로 계산한 미래현금흐름에 특정 할인율을 적용하여 회사의 현재가치를 산출 | • 잉여현금흐름 (Free Cashflow) • 배당금(Dividend) 등 | 이론적으로는 우수하지만 안정적으로 현금창출이 가능한 회사에게만 적용 가능(대다수의 스타트업에는 해당 안 됨) |
| 시장기준 평가법 | 대상 회사와 유사한 사업을 영위하는 상장회사들의 멀티플을 적용하여 기업가치 산출 | • PSR(주가/주당매출) • PER(주가/주당이익) • 기타지표 등(MAU 등) | 평가 방법이 직관적이지만 세밀함이 부족. 스타트업 밸류에이션에서 가장 보편적으로 사용됨 |
| 자산기준 평가법 | 대상 회사의 자산/부채를 기반으로 적정가치를 산출하는 기법 | • 조정 순자산 등 | 가장 보수적인 평가 방법. 다만, 대부분의 스타트업에게 자산 규모와 부채 규모는 평가를 위한 핵심지표가 아님 |

(출처: 삼일회계법인 M&A 가이드북을 참고함)

마무리하면, 스타트업 M&A 시 기업가치를 평가하는 방법은 'bottom-up'보다는 'top-down' 방식이 더 많이 활용됩니다. 매수자와 매도자가 '얼마에 사고 얼마에 팔고 싶은지'를 대략적으로 유추해서 숫자를 먼저 정하고, 이 숫자에 맞춰 밸류에이션 논리를 만들어가는 방식이라는 뜻입니다. 이때 가장 보편적으로 활용되는 방법은 역시 '시장기준 평가법'이라고 볼 수 있는데, 이유는 스타트업의 경우 잉여현금흐름 또는 순자산가치와 같은 숫자를 기반으로 의미 있는 현재가치를 도출하기는 어렵기 때문입니다.

## 질문 3. 주요 거래 구조 형태는?

일반적인 M&A 거래 구조는 크게 지분양수도, 영업양수도, 자산양수도로 구분할 수 있습니다. 각 구조별 주요 내용들을 다음 [표 10]에 정리했습니다.

### 표 10. 거래 구조의 형태

| 구분 | 개념 | 특징 |
|------|------|------|
| 지분양수도 | 대상 회사의 기존 주주로부터 구주를 양수도하거나 유상증자를 통해 신주를 취득하는 방식 | 손해배상 규정 등을 통해 리스크를 감소할 수는 있지만 기본적으로 우발채무와 같은 위험 등에 노출되는 거래 구조 |
| 영업양수도 | 대상 회사의 특정 사업 부문을 포괄적으로 (자산, 부채, 인력 등) 이전하는 방식 | 영업 관련 필요자산 부채로 한정하므로 우발채무 부담 감소 |
| 자산양수도 | 대상 회사의 특정 자산을 개별적으로 이전하여 소유권을 변경하는 방식 | 특정 자산만을 이전하는 방식이기 때문에 우발채무에 대한 리스크를 회피할 수 있는 구조 |

(출처: 삼일회계법인 M&A 가이드북을 참고함)

필자의 현장에서 경험을 기반으로 얘기해보면 스타트업 M&A의 경우 지분양수도가 가장 많았습니다. 특히 대상 회사의 규모가 작을 경우 회사 지분의 50%를 초과하고, 100% 이하인 범위 안에서 거래가 이루어지는 경우가 대부분이었습니다. 50%가 기준점인 이유는 지분의 과반 이상을 확보할 경우 회사에 대한 실질적인 지배력을 가져올 수 있기 때문입니다. 3분의 2 이상의 지분을 확보하는 케이스도 많습니다. 상법상 특별결의 사항의 가결을 위해서는 주주의결권의 3분의 2 이상의 찬성이 필요합니다. 특별결의에서 결정할 수 있는 주요 내용들은 '이사 또는 감사의 해임', '정관 변경' 등이 있는데 모두 회사 경영에 핵심적인 변화라고 볼 수 있는 부분들입니다.

지분양수도를 할 경우 '전량 구주', '전량 신주', '구주와 신주의 믹스mix' 중 선택이 가능합니다. 구주로만 진행할 경우 거래대금이 기존 주주들에게 가는 구조인 것이고, 신주로 지분을 인수하면 대상 회사에 자금이 유입되어 운영자금으로 활용 가능합니다. 거래의 성격과 상황에 맞춰 적절하게 선택하여 인수 전략을 잡으면 됩니다.

영업양수도와 자산양수도 역시 많이 볼 수 있는 유형입니다. 프롭테크 스타트업 직방은 2022년 삼성SDS의 홈 IoT 사업에 대해 영업양수도 계약을 체결했습니다. 삼성SDS의 특정 사업 영역만 포괄적으로 인수해서 가져온 것인데, 이럴 경우 우발채무 부담도 영업 관련 필요자산 부채로 한정된다는 특징이 있습니다. 리스크가 없지는 않지만 제한적인 수준에서 컨트롤된다는 뜻입니다.

반면 자산양수도의 경우 말 그대로 '자산'을 양수도하는 거래이기 때문에 우발채무에 대한 리스크는 없다고 보는 게 맞습니다(단, 이를 위해서는 계약서를 촘촘하게 잘 작성해야 합니다). 스타트업 M&A에서는 자산양수도를 진행하는 경우 보통 특허와 같은 기술력을 확보하기 위한 목적이 큽니다. 대기업과 달리 의미 있는 규모의 유형자산을 보유하고 있는 스타트업은 거의 없기 때문입니다.

## 질문 4. 실질적 지배력의 기준은?

지분을 취득하는 방식으로 M&A가 이루어질 경우 매수자는 대상 회사에 대한 지배력을 얼마나 가져갈지 의사결정을 해야 합니다. 왜냐하면 보유하고 있는 지분율에 따라 회계처리가 많이 달라지기 때문입니다. 지분율 구간별 특이사항을 다음 [표 11]에 정리했습니다.

**표 11. 지분율별 회계처리**

| 지분율(%) | 구분 | 분류 | 연결재무제표 |
|---|---|---|---|
| 0~20% | n.a. | 금융상품 | 공정가치법 |
| 20~50% | 유의적 영향력 | 관계기업 투자주식 | 지분법 |
| 50~100% | 지배력 | 종속기업 투자주식 | 연결회계처리 |

(출처: 삼일회계법인 M&A 가이드북을 참고함)[41]

일반적으로 지분율 20% 미만이면 피투자기업에 대한 지배력이 없다고 판단합니다. 20% 이상일 때부터는 상황이 달라집니다. 보유

---

**41** 지분율이 50%가 되지 않아도 매수자가 피투자회사의 이사회 과반 이상을 차지하는 등 실질적인 지배력을 행사한다고 판단되면 피투자회사의 실적을 연결 처리해야 한다.

지분율이 20% 이상, 50% 미만이면 유의적인 영향력을 가지고 있다고 구분합니다. 회사를 지배하는 구조까지는 아니지만 상당한 영향을 미치는 관계라고 인식하는 것입니다. 이럴 경우 피투자기업의 실적을 연결재무제표에 잡아야 합니다. 예컨대 피투자기업의 당기순이익 중 매수자의 몫에 해당하는 만큼을 영업외수익으로 인식합니다(손실일 경우는 당연히 영업외손실로 기록합니다).

지분율 50% 이상일 경우는 매수자가 피투자기업에 실질적인 지배력을 행사하는 경우로 판단합니다. 이럴 경우 지배기업과 종속기업을 하나의 경제 실체로 보고 연결재무제표를 작성해야 합니다. 기본적으로 연결재무제표에서는 피투자기업의 재무 항목들을 모두 더해서 계산한다고 보면 됩니다. 대상 회사를 자회사가 아닌 흡수합병을 통해 사업을 결합하는 경우도 있습니다. 이럴 경우 취득일 기준으로 피투자회사의 재무제표상 자산 및 부채의 공정가치를 평가하여 인식합니다. 재무제표에 계상되지 않은 지식재산권, 상표권 등은 무형자산으로 인식합니다. 합병이 마무리되는 과정에서 피투자회사의 기존 법인은 폐업 처리를 진행합니다.

## 질문 5. 세무 이슈 및 세제 혜택은?

비상장법인은 주식을 양도할 경우 대주주 여부에 관계없이 모두 양도소득세를 내야 합니다. 대주주일 경우 세율이 더 높은데, 대주주에 해당되려면 지분율이 4% 이상이거나, 직전 연도 소유 주식의 시가 총액이 10억 원 이상이어야 합니다. 대주주와 일반주주의 양도소득 세율은 각각 30%, 20%입니다. 여기에 더해 양도소득세의 10%에 해당하는 금액을 주민세로 지급해야 합니다.

단, 중소기업/벤처기업의 경우 세제 혜택도 존재합니다. 예를 들어 중소기업 간에 통합이 이루어지면, 통합 후 존속하는 법인이 양도로 발생한 양도소득세에 대해서 이월과세를 적용받을 수 있습니다. 소재/부품 관련 사업을 영위하는 중소기업의 경우 추가적인 혜택도 있습니다. 내국법인이 소재/부품 관련 중소기업을 인수할 경우 주식 등 취득가액의 5%에 해당하는 금액을 내국법인의 해당 사업연도 법인세에서 공제를 받습니다.

이외에도 더 자세한 내용이 알고 싶다면 삼일회계법인이 한국벤처캐피탈협회와 함께 발간한 《M&A Guide Book》을 참고하길 바랍니다. 유익한 내용이 많아서 일독을 권합니다.

## 질문 6. M&A 할 때는 전부 현금으로 지불하는가?

케이스 바이 케이스입니다. 소규모 거래의 경우 지분 전량을 현금으로 지불하는 경우도 존재합니다. 하지만 반대 사례도 많습니다. 매수자와 매도자가 보유한 지분을 '교환swap' 유형의 거래도 존재합니다. 대표적인 사례로는 그랩과 우버의 M&A가 있습니다.

2018년 3월 그랩은 우버의 동남아시아 사업 부문을 인수한다고 공식 발표했습니다. 그랩은 우버의 차량공유 서비스와 음식 배달 사업 전부를 인수했고, 우버는 이에 대한 대가로 합병회사의 지분 27.5%를 확보했습니다. 합병 당시의 기업가치는 약 60억 달러(한화 약 6조 6,000억 원) 수준이었습니다. 이는 당시 기준으로 동남아시아에서 이루어진 최대 규모의 인수합병 거래였습니다.

상당히 놀라운 뉴스였지만 맥락을 살펴보면 M&A가 양사 모두에게 합리적인 선택이었음을 알 수 있습니다. 일단 그랩의 관점에서는 마다할 이유가 없는 옵션이었습니다. 우버 사업을 인수함으로써 동남아 시장 내 압도적인 1위 업체로 거듭날 수 있는 기회였기 때문입니다. M&A가 이루어지기 전만 해도 고젝과 같은 경쟁사들과 큰 차이가 없거나, 일부 지역에서는 점유율이 떨어지는 상황이었습니다. 하지만 동남아 지역의 우버 사업 인수를 통해 빠르고 효율적으로 시장을 확장할 수 있을 뿐만 아니라, 우버의 유·무형자산의 일부를 인수함으로써 계획되어 있던 지출(마케팅 비용 등)의 상당 부분을 절감할 수 있었습니다. 실제로 그랩은 우버 합병 이후 차량 호출 분야에서 동남아 시장 점유율 70% 이상을 확보하며 선도적 지위를 확보할 수 있었습니다.

우버의 입장에서도 나쁜 선택이 아니었습니다. 2018년 당시 회사의 최우선 순위는 성공적인 IPO 진행이었습니다. 이를 위해서는 영업 손실이 개선되는 모습을 시장에 보여줄 필요가 있었는데, 동남아시아 시장에서 큰 폭의 적자를 기록하고 있었던 만큼 해당 지역을 과감하게 포기하는 전략은 나름의 의미가 있었습니다.

# 4장

## 계약서

# Intro

이번 장에서는 투자 계약서에 대해 집중적으로 살펴보도록 하겠습니다. 계약서는 VC에게도 중요하고 스타트업에게도 중요합니다. 그래서 별도 섹션으로 구분해서 주요 내용들을 정리해봤습니다. 앞서 잠깐 언급했지만 일반적인 스타트업 투자계약서는 SPA(주식매매계약서)와 SHA(주주간계약서)를 합친 버전을 사용합니다. 국내 벤처투자 표준계약서는 한국벤처캐피탈협회 자료실 등에서 다운로드받아 자유롭게 수정하여 사용할 수 있습니다.

# 01

# 텀시트와 주요 조항

먼저 '텀시트Term Sheet'에 대해서 얘기해보겠습니다. 투자자들과 스타트업은 계약서를 작성하기 전에 투자의 주요 조건들을 정리합니다. 투자 규모, 기업가치, 인수 주식의 형태, 이해관계인의 의무 등이 우선적으로 논의됩니다. 상호 간의 합의점이 어느 정도 이루어지면 관련 내용들을 2~3페이지 정도 분량의 문서로 정리하는데, 이 문서를 업계에서는 '텀시트'라고 합니다.

텀Term은 한글로 해석하면 '조건'이라는 뜻이고, 시트Sheet는 문서를 지칭합니다. 따라서 '텀시트Term+Sheet'는 조건을 정리한 문서 정도로 풀이할 수 있습니다. 원칙적으로 텀시트는 법적 구속력은 없습니다. 다만, 서로의 신뢰를 기반으로 작성된 문서인 만큼 합의점을 도출한 이후에는 합리적 명분 없이는 변경이 어렵습니다.

그럼 이제 텀시트에 포함되는 내용들을 다음 [표 12]를 통해 살펴보겠습니다. 필자가 실제로 현장에서 사용한 텀시트를 기반으로 만든 예시이지만 독자들의 이해를 돕기 위해 일부 각색한 부분이 있으니 참고하기 바랍니다.

**표 12. 텀시트에 포함되는 내용들**

| 구분 | 내용 |
|---|---|
| 회사명 | 회사의 공식 명칭(서비스명 x, 법인명 o) |
| 회사 주소 | 법인이 위치한 주소 기재 |
| 대표/이해관계인 | 대표이사(+ 상황에 따라 공동 창업자) 이해관계인으로 명시 |
| 투자자 정보 | 투자사/투자를 검토하는 투자조합(펀드)명 기재 |
| 투자 기업가치 | Post-Money 500억 원 |
| 총투자 금액 | 20억 원 |
| 발행주식의 종류 | 신주/상환전환우선주(RCPS) |
| 상환에 관한 사항 | • 상환청구기간: 발행일 기준 3년 이후부터 청구 가능<br>• 상환이율: 연복리 6% |
| 전환에 관한 사항 | • 전환청구기간: 발행일 기준 10년간 전환 가능<br>• 전환조건: 종류 주식 1주당 보통주 1주<br>• Refixing 조건: M&A, IPO 시 Refixing 70% |
| 배당에 관한 사항 | 액면가 기준 연 1% (참가적 / 누적적) |
| 잔여재산우선분배에<br>관한 사항 | 참가적, 우선적 (연복리 6%) |
| 공동매도참여권 | 회사의 이해관계인이 회사 주식의 전부 또는 일부를 처분하고자 하는 경우 투자자는 동일한 조건으로 공동 매도할 권리 보유 |

| | |
|---|---|
| 우선매수권 | 회사의 이해관계인이 회사 주식의 전부 또는 일부를 처분하고자 하는 경우 투자자는 이해관계인에게 동일한 조건으로 우선하여 매수할 수 있는 권리 보유. 투자자가 회사 주식의 전부 또는 일부를 처분하고자 하는 경우 투자자는 이해관계인에게 동일한 조건으로 우선하여 매수할 수 있는 권리를 보장함 |
| 대상 거래 관련 사항 | • 대상 거래 인지 방안: 투자금 사용 목적 변경 시 투자자로부터 사전 서면 동의 필요<br>• 대상 거래 제재 방안: 주식 일부 또는 전부 매수 청구 가능 |
| 투자금 사용 목적 위반 시 제재 방안 | • 의무불이행에 따른 제재 관련 이자율: 15%<br>• 계약 불이행 위약별: 약정 위반 시 투자 원금의 15%에 해당하는 위약별 청구 |
| 기타 사항 | • 스톡옵션의 발행한도: 총발행주식 수의 10%<br>• 투자 금액 사용처 실사: 투자자가 지정한 회계법인을 통해 실사 진행 가능<br>• 투자금 사용 용도: 일반 운영자금 |

텀시트에 포함되는 내용들은 곧 계약서의 주요 조항이 됩니다. 항목들을 하나하나 살펴보겠습니다.

일단 (당연히) 피투자회사와 투자사의 기본적인 정보가 포함되어야 합니다. 피투자회사의 법인명, 대표자 이름, 주요 이해관계인 등을 기재합니다. 피투자회사의 이해관계인은 회사의 대표로 한정되는 경우가 많습니다. 다만, 유의미한 수준의 지분율을 가진 공동창업자가 있다면 이해관계인으로 함께 지정됩니다. 이해관계인이 중요한 이유는 합의한 계약이 적법하게 이행되지 않을 경우 책임을 묻는 주요 주체가 되기 때문입니다. 투자자에 대한 정보도 포함됩니다. 특히

VC의 경우 본인들이 보유한 여러 개의 펀드 중 하나로 투자를 집행하는 경우가 많기 때문에 해당 조합의 공식 명칭을 문서상에 명시해 줘야 합니다.

이어서 투자의 주요 조건을 정리합니다.[42] 핵심은 기업가치와 투자 금액입니다. 예비 투심 진행 후에 정확한 가격과 금액은 일정 부분 조정될 수 있습니다. 주식의 종류도 명시해야 합니다. 신주인지 구주인지, 보통주인지 우선주인지를 결정해야 합니다. 신주냐 구주냐[43]는 회사의 상황에 맞춰 결정되는데, 보통 구주의 경우 신주보다 할인된 금액으로 매각하는 경우가 많습니다. 보통주냐 우선주냐에 대해 얘기해보면, 아주 특수한 상황이 아니라면 VC들은 우선주로 투자를 집행합니다. 우선주도 일반 우선주가 아닌 '상환전환우선주RCPS, Redeemable Convertible Preferred Stock' 또는 '전환우선주CPS, Convertible Preferred Stock'를 선호합니다.

우선주는 이익을 배당하거나 잔여재산을 분배 시 보통주보다 우선권을 갖습니다. RCPS의 경우 투자자들에게 더 유리한 부분이 많

---

**42** 참고로 순서는 전혀 상관없다. 다만 일반적으로 필자가 예시로 정리한 텀시트와 유사한 흐름으로 항목들이 나열되는 경우가 많으니 참고만 하면 좋을 것 같다.

**43** 신주는 새로 발행한 주식이고, 구주는 기존 주주가 가지고 있던 주식을 뜻한다. 신주발행을 하면 투자금이 회사로 납입되고, 구주거래를 하게 되면 투자금이 구주를 판 기존 주주에게 전달된다.

습니다. 일단 투자금을 상환받을 수 있습니다. 이런 권리를 '상환권'이라고 부르는데, 회사는 상환권이 있는 주주가 투자금 상환을 요청하면 배당 가능한 이익 한도 안에서 투자금을 돌려줘야 합니다.

RCPS에는 상환권에 더해 '전환권'도 있습니다. 전환권은 우선주를 보통주로 전환할 수 있는 권리입니다. 기관들은 보통 스타트업이 비상장 단계일 때는 우선주로 주식을 가지고 있고, 상장에 성공하면 보통주로 주식을 전환합니다.[44] CPS의 경우 '상환권' 없이 '전환권'만 있는 우선주를 지칭합니다. 필자의 경험상 국내 VC 투자의 경우 RCPS의 비중이 CPS보다 더 컸습니다. 조금이라도 리스크를 줄이고 싶은 VC의 마음이 반영된 결과라고 생각합니다.

일부 언론에서는 RCPS를 '꽃놀이패'라고 부르기도 합니다. 피투자회사에게 상환권까지 요청할 수 있으니 얼핏 보면 그런 여론이 생길 법도 합니다. 다만 필자의 생각은 조금 다릅니다. 상환을 요청할 수 있으나 이는 어디까지 '배당 가능한 이익 한도' 내에서입니다. 대부분의 국내 스타트업은 적자 경영을 하고 있습니다. 배당 가능한 이익을 창출하는 경우가 거의 없다는 뜻입니다.

잘되는 스타트업이라면 VC 입장에서는 상환권을 청구할 이유도

--------------------------------------------------------------------

[44] 참고로 우선주는 의결권이 없다. 그래서 상장시장에서는 의결권이 있는 보통주가 의결권이 없는 우선주보다 가격이 높게 측정되는 편이다.

줄어듭니다. 더 크게 성장할 수 있도록 지원하여 높은 배수로 엑시트를 하는 게 VC에게도 이득이기 때문입니다. 우려스러운 부분이 있고 악용의 소지도 분명 존재하지만, 관리감독이 적절하게 이루어진다면 RCPS 자체에는 큰 문제가 없어 보입니다.

다시 텀시트로 돌아와서 해당 예시에서는 RCPS로 의견 조율이 마무리되었습니다. 그럼 상환권과 전환권에 대한 내용을 더 구체적으로 명시해야 합니다. 상환청구를 할 수 있는 기간, 상환 시 이율, 전환을 청구할 수 있는 기간, 전환 조건 등을 [표 12]에서 보이는 바와 같이 정리합니다. 우선주는 이익을 배당하거나 잔여재산 분배 시 보통주보다 우선권을 갖기 때문에 관련 내용에 대해서도 핵심적인 조건들은 텀시트상에 기재할 필요가 있습니다.

다음은 '공동매도참여권'과 '우선매수권'에 대한 조항입니다. 중요도로 따지면 최상에 가깝습니다.

공동매도참여권은 영어로 'Tag-along(태그 얼롱)'이라고 합니다. '같이 놀러 나간다' 정도로 해석할 수 있는데, 이를 VC 투자에 적용하면 창업자가 지분을 팔 때 투자자도 같이 지분을 팔 수 있는 조항입니다. 쉽게 얘기하면 '네가 팔면 나도 팔 거야'를 명시한 권리라고 볼 수 있습니다. 스타트업 투자는 특히 창업자/공동 창업자에 대한 의존도가 매우 높습니다.

창업팀이 본인들의 구주를 일방적으로 제3자에게 팔아 버리면 기존 투자자들 입장에서는 리스크가 커지게 됩니다. 이런 상황을 방지하기 위해서 VC는 투자 계약서에 공동매도참여권을 포함시킵니다. 이해관계인이 주식을 매도할 때 투자자들도 지분율에 비례하여 같은 조건으로 보유 주식을 매도할 수 있기 때문입니다.

최대한 단순화해서 예를 들어 설명해보겠습니다. 국내 대기업 A가 기술 스타트업 Z를 인수하려고 합니다. A는 Z의 지분 30%를 30억 원에 인수하기를 원합니다(주당 가격은 10만 원이라고 가정해보겠습니다). 그런데 마침 창업자의 지분율이 30%입니다. 만약 기존 소액 주주들에게 거래를 무효화할 수 있는 권리(주요 경영사항에 대한 동의권 혹은 다른 유사한 권리)가 없는데 공동매도참여권마저 없다면, 창업자는 본인 지분의 전량을 30억 원에 A에게 팔 수 있습니다.

반대로 기존 소액 주주들에게 모두 공동매도참여권이 있다면 상황은 어떻게 바뀔까요? 일단 Z의 창업자는 본인의 지분만을 일방적으로 팔 수 없습니다. 기존 주주들의 주식도 그들이 보유한 지분율에 맞춰 함께 팔아줘야 하기 때문입니다. 창업자와 기존 주주들은 30억 원 안에서 각자 보유한 주식의 수량에 비례하는 금액만큼 주식을 매도할 수 있습니다. 조건도 동일합니다. 스타트업 Z의 창업자가 주당 10만 원에 판다면 동반매도권을 가지고 있는 Z의 소액 주주들도 동일하게 주당 10만 원에 팔 수 있습니다. 대기업 A는 이러나저러나 상관없습니다. 동일한 금액에 지분율 30%를 가져오는 시나리오는 달라지지 않기 때문입니다.

우선매수권은 영어로 'Right of First Refusal[RoFR]'라고 합니다. 해석하면 '가장 먼저 거절할 수 있는 권리' 정도로 풀이할 수 있습니다. 바로 앞의 예시를 이어서 사용해보겠습니다. 스타트업 Z의 창업자는 대기업 A에게 30억 원만큼의 지분을 팔고 싶습니다. 이때 기존 주주들이 우선매수권이 있다면 창업자 Z는 대기업 A에게 가기 전에 기존 주주들에게 먼저 30억 원만큼의 주식을 사겠냐고 물어봐야 합니다. 기존 주주들이 Z의 제안을 거절하면 그때 제3자인 A에게 매각할 수 있습니다. 다시 말하면, 스타트업 Z의 창업자는 우선매수권을 가진 기존 주주들의 승인 없이는 매각 상대를 고를 수 없다는 뜻입니다. 헐값에 주식을 팔고자 하면 우선매수권을 작동할 수 있고, 높은 가격에 팔고자 하면 공동매도참여권을 행사하여 이익을 실현할 수 있게 됩니다.

이어지는 내용들은 계약 사항이 제대로 이행되지 않았을 때 피투자회사를 제재할 수 있는 방법에 대해서 명시합니다. 예컨대 합의된 목적 이외의 이유로 투자금이 사용되었을 때는 투자사가 피투자회사에게 주식의 일부 또는 전부를 다시 매수해갈 것을 요청할 수 있습니다. 이외에도 주요 계약 내용들이 적법하게 이행되지 않는다면 투자사는 징벌적 차원의 위약벌 청구가 가능합니다. 쉽게 설명하면 페널티 조항인데, 제재의 강도는 상호 간의 협의에 따라서 일정 부분 조율할 수 있습니다. 한국의 경우 모태펀드, 성장금융과 같은 정책성 LP들이 스타트업을 위해 페널티 조항의 수위를 조절해주는 역할을 하기도 합니다(VC는 LP가 주는 자금을 운영하는 GP이기 때문에 구조적으로 LP의 요청사항을 거부하기 어렵습니다).

이외에도 계약서에 반영되는 핵심 내용들이 텀시트에 기재됩니다. 예컨대 스톡옵션의 발행한도와 투자금 사용 목적 등을 명시합니다. 스톡옵션 발행한도는 일반적으로 10% 수준에서 결정됩니다. 15~20%까지 늘려주는 경우도 있긴 하지만 이는 예외적인 사례입니다. 스톡옵션 발행한도를 규정해야 하는 이유는 '지분희석dilution' 이슈 때문입니다. 스톡옵션을 많이 발행할수록 기존 주주들의 지분은 당연히 희석됩니다. 스타트업에게 스톡옵션은 우수한 인력을 확보하는 데 있어 매우 유용한 도구이고, 이에 대해 투자자들과도 이미 충분한 공감대가 형성되어 있습니다. 다만 상향선을 정하지 않으면 지분가치가 지나치게 훼손될 수 있기 때문에 기준점 정도만 잡는 거라고 보면 됩니다.

투자금 사용 목적도 꼭 명시해야 합니다. 가장 보편적으로 사용하는 문구는 '운영자금'입니다. 인건비, 마케팅비 등 회사 운영을 위해 기본적으로 지출해야 하는 비용 처리 목적으로 자금을 사용하겠다고 기재하는 경우가 많습니다. 투자금을 사적인 목적으로 사용하면 이는 심각한 계약 위반이 됩니다. 고의적인 중대한 과실로 판단되면 형사적 책임까지 물을 수 있습니다.[45]

---

**45** 문제가 될 수 있는 다른 사례를 예시로 들자면 'M&A'도 있다. 몇몇 LP는 스타트업의 M&A에 대해 상당히 보수적인 입장을 가지고 있다. 리스크는 크고 성공 확률은 매우 낮다고 생각하는 것이다. 이런 LP들의 경우 투자금 사용 용도에 'M&A'라는 단어 자체를 아예 기재하지 못하도록 한다.

## TiP 프리머니와 포스트머니

텀시트를 작성하다 보면 기업가치를 프리머니Pre-Money 기준으로 할 것인지, 아니면 포스트머니Post-Money 기준으로 할 것인지에 대해 논의하는 경우가 있습니다. 낯선 용어이지만 어려운 개념은 아닙니다. 프리머니는 투자를 받기 전 기업가치이고, 포스트머니는 투자를 받은 후의 기업가치를 의미합니다. 정리하면, '프리머니＋투자금＝포스트머니'라고 생각하면 됩니다.

텀시트를 작성할 때는 어떤 기준으로 숫자를 기입할지 결정하는 것이 좋습니다. 특히 여러 명의 공동 투자자가 있을 경우 커뮤니케이션에 혼선이 발생할 확률이 높습니다. 이럴 경우 투자금을 유치하기 전 기준인 프리머니로 통일하는 것이 편합니다. 여러 기관이 검토할 경우 특정 기관은 중간에 딜을 '드롭drop'할 확률이 존재합니다. 그렇게 되면 총투자 금액이 줄어들면서 포스트머니 기업가치도 달라지게 됩니다.

앞에서 예시로 든 텀시트를 기준으로 계산을 같이 해보겠습니다. 단순합니다. 해당 회사의 기업가치는 포스트머니 기준으로 500억 원이었습니다. 해당 딜의 경우 검토하는 기관이 하나밖에 없고, 총투자 금액은 20억 원임을 가정했습니다. 그렇다면 프리머니 기업가치는 얼마일까요? 포스트머니 가치(=500억 원)에서 투자 금액(=20억 원)을 빼면 됩니다. '500억 원−20억 원 =480억 원(프리머니 기업가치)'임을 어렵지 않게 알 수 있습니다.

# 표준계약서의 구성

이제 계약서의 구성에 대해서 알아보겠습니다. 실제 계약서에는 텀시트에서 명시한 내용들을 법률적인 용어를 사용하여 구체적으로 기재한다고 보면 됩니다. 앞장에서 설명한 조항들 외에도 포함되어야 하는 사항들이 있는데, 다음 [표 13]을 보면서 표준계약서의 전체적인 흐름을 살펴보도록 하겠습니다.

제1장에서는 신주에 대한 정보(예: 배정 수량, 인수가액) 등을 명시하고, 신주를 인수하기 전에 선행되어야 하는 조건들을 정리합니다. 예컨대 신주 발행을 위해서는 주주총회, 이사회 등을 진행해야 하는데, 이런 부분들이 적법한 절차에 따라 정확하게 선행되었음을 명시합니다. 투자금이 납입된 후에도 마찬가지입니다. 피투자회사는 변경된 등기부등본 등을 교부해야 하는데, 이런 과정이 제대로 이행되지 않으면 투자사는 계약을 무효화할 수 있는 권리가 생깁니다.

**표 13. 표준계약서**

| 구분 | 주요 내용 |
|------|-----------|
| 제1장 신주의 인수에 관한 사항 | • 발행하는 주식에 대한 정보와, 투자금 납입이 이루어지기 전에 선행되어야 하는 조건 등을 정리<br>• 진술과 보장에 대한 내용을 기재 |
| 제2장 회사 경영에 관한 사항 | • 투자금의 용도 및 제한 등을 명시<br>• 경영사항에 대한 동의권 및 협의권에 대한 내용 포함<br>• 보고 및 통지에 대한 의무 등을 기재<br>• 주식매수선택권 발행한도 명시 |
| 제3장 주식의 처분에 관한 사항 | • 투자자와 이해관계인의 주식 처분에 관련된 조항 정리<br>• 우선매수권, 공동매도권에 대한 내용 명시 |
| 제4장 계약 위반에 따른 책임 | • 주식매수청구권, 위약벌 및 손해배상 청구 관련 내용<br>• 지연배상금, 이해관계인의 책임 의무 등을 기재 |
| 제5장 계약의 일반 사항 | • 계약이 언제까지 효력이 있는지 등을 명시<br>• 계약 내용 변경을 위한 조건 등을 명시 |
| 제6장 특약 사항 | • 별도의 특약 사항이 있다면 관련 내용을 기재하고, 해당 내용의 효력에 대해 명시 |
| 별지 | • 신주의 종류 및 내용(RCPS의 경우 전환권, 상환권에 대한 내용을 명시)<br>• 투자집행 전 회사의 지분증권 현황을 기재(예: 주주별 소유 주식 수, 주식매수선택권 부여 현황 등)<br>• 투자금 사용 용도 및 위반 시 처리 방법 명시<br>• 주요 인력 및 이해관계인에 대한 퇴사 제한 및 경업금지 약정서 등을 포함 |

제1장에서 중요한 부분은 '진술과 보장'에 대한 조항입니다. 피투자회사는 투자유치 과정에서 회사에 대한 여러 가지 정보를 제공합

니다. 회사의 재무제표, 지식재산권 등 무형자산 현황, 주주명부 등이 여기에 포함됩니다. 진술과 보장은 회사가 제공한 정보가 진실하고 정확함을 재확인하는 절차라고 보면 됩니다. 만약 피투자회사 이해관계인의 진술과 보장이 허위일 경우, 민사적 손해배상뿐만 아니라 형사적 책임으로까지 확장될 가능성도 있음을 명심해야 합니다.

제2장은 회사 경영과 관련된 내용들이 명시됩니다. 투자금을 어떻게 사용할 것이고, 주주들에게는 어떻게 경영에 대한 정보를 제공할 것인지 등을 정리합니다. 여기서 필자가 강조하고 싶은 내용은 바로 '경영사항에 대한 동의권 및 협의권'입니다. 투자를 받은 스타트업은 주요 경영 사항에 대해 주주 동의를 받아야 하는 의무가 생깁니다. 대표적인 사전 동의 사항으로는 정관 변경, 신주발행, M&A, 회사청산 등이 포함됩니다. 창업자 관점에서는 '간섭'받는 느낌이 생길 수 있으나, VC 입장에서는 리스크를 줄이는 방법 중 하나입니다.

경영사항에 대한 동의권은 모든 주주로부터 동의를 얻어야 하는 경우도 있고, 과반 이상만 얻어도 되는 경우도 있습니다. 보통 회사의 규모가 커지고 주주의 숫자가 많아질수록 비중이 낮아집니다. 협의사항의 경우 공식적으로 동의까지 받아야 하는 건 아니지만 사전에 미리 협의하고 커뮤니케이션해야 하는 내용들을 지칭합니다. 다음은 표준계약서상에 명시된 기준들입니다(그림 14). 투자자의 성향과 피투자회사의 의지에 따라 디테일은 조율될 수 있습니다.

**그림 14. 벤처투자 표준 RCPS 계약서 중 동의권/협의권에 대한 내용**

제8조 (경영사항에 대한 동의권 및 협의권)

① 회사 및 이해관계인은 다음 각 호의 사항에 관하여 투자자에게 각 사항의 시행일로부터 2주전까지 서면으로 통지한 뒤 각 사항의 시행일의 전일까지 투자자로부터 서면동의를 얻어야 한다.

1. 정관의 변경

2. 자본의 증감, 주식관련사채의 발행, 주식매수선택권의 부여

3. 회생신청, 파산신청, 해산, 청산, 합병, 분할, 분할합병, 주식의 포괄적 교환 또는 이전, 영업양수도, 타회사의 인수, 경영임대차, 위탁경영 기타 회사조직의 근본적인 변경

4. 계열회사(독점규제 및 공정거래에 관한 법률 제2조 제3호에 의함), 임직원, 주주 및 그 특수관계인(금융회사의 지배구조에 관한 법률 시행령 제3조 제1항에 의함)과의 거래

5. 회사 또는 이해관계인의 국내외 회사 설립 또는 다른 회사의 50% 이상 지분 취득

② 회사 및 이해관계인은 다음 각 호의 사항에 관하여 투자자와 사전에 협의하고 투자자에게 업무처리에 따른 결과를 서면으로 통지하여야 한다.

1. 대표이사의 선임 및 해임

2. 건당 전년도 자산총계의 [5]% 이상 또는 연간 누계액 기준 전년도 자산총계의 [10]% 이상의 규모에 해당하는 자산의 취득 및 처분, 투자(주식 및 사채인수 포함), 자금대여, 담보 제공, 보증, 신규 자금차입 또는 채무의 부담

3. 각 임직원에게 지급하는 급여가 전년도 급여와 비교하여 [20]%이상 상승하는 경우

4. 본건 투자 당시 사업계획에 명시한 것과 현저히 다른 사업에 착수하거나, 주요사업의 중단, 포기

5. 외부감사인의 선임 및 변경

(출처: 한국벤처캐피탈협회)

제2장에는 주식매수선택권 부여 한도에 대해서도 언급됩니다(그림 15). 발행주식 총수의 몇 퍼센트까지 허용할 것인지를 기재하면 됩니다. 팀시트를 설명할 때 잠깐 언급했듯이 보통 10%가 기준점이 됩니다. 다만, 투자사와 피투자회사 간의 협의가 이루어진다면 15~20% 수준까지 올라가는 경우도 있습니다. 그 이상은 지분 희석이 과하게 되기 때문에 성사되기 매우 어렵습니다.

제3장에서는 지분처분의 제한에 대한 내용을 다룹니다. VC의 투

그림 15. 벤처투자 표준 RCPS 계약서 중 주식매수선택권에 대한 내용

> **제11조 (주식매수선택권의 부여)**
> 회사는 회사 경영 및 기술개발 등 사업 전반에 기여하였거나, 기여할 능력을 갖춘 임직원에 대해,
> 본건 거래완결일 전 이미 부여되었거나 발행된 것과 제8조 제1항 제2호에 따라 투자자의 동의 하
> 에 발행된 것을 포함하여 그 행사로 인해 발행될 수 있는 주식 지분율 총계가 주식매수선택권 부
> 여시점의 **발행주식총수의 10% 이내인 범위 내에서**, 주식매수선택권을 부여할 수 있다.

(출처: 한국벤처캐피탈협회)

자 의사결정에서 창업자와 핵심 멤버가 차지하는 비중은 매우 높습니다. 참고할 만한 정량적인 지표가 별로 없는 초기, 중기 단계의 스타트업의 경우는 더욱더 그러합니다. 그래서 회사가 의미 있는 엑시트를 하기 전까지는 창업자를 비롯한 핵심인력들이 회사를 떠나지 못하도록 만드는 것이 중요합니다.

이때 사용하는 방법 중 하나가 바로 '우선매수권RoFR', '공동매도참여권Tag-along'과 같은 조항들입니다. 기존 주주들이 우선매수권과 공동매도참여권을 행사하면 피투자사의 이해관계인들은 본인들의 구주를 매각하기 더 어려워집니다(자세한 내용은 앞에 섹션에서 이미 설명했으니 생략하도록 하겠습니다). 표준계약서의 제3장은 이와 같은 주식처분에 대한 내용을 구체적으로 기재합니다.

제4장은 계약위반의 책임에 대한 부분을 명시합니다. 계약이 정확하게 이행되지 않았을 경우 보통 '주식매수청구권'과 '위약벌'을 통해 책임을 묻습니다. 주식매수청구권은 풋옵션Put Option의 성격을

가지고 있는데, 피투자회사가 계약을 위반하면 회사의 이해관계인이 투자사의 주식을 다시 사가도록 만드는 조항입니다. 주식매수청구권을 행사하면 보통 투자 원금에 일정 이자를 붙여 회수하게 됩니다. 위약벌은 계약을 위반했을 때 발생하는 일종의 벌금 정도로 생각할 수 있습니다. 국내 VC들은 일반적으로 투자 원금의 10~15% 해당하는 금액을 위약벌로 청구합니다.

기타 내용은 별도의 설명이 필요할 만큼 특별한 내용은 없습니다. 계약에 대한 일반적인 사항과 특약 내용 등이 명시됩니다. 별지에는 보통 본문의 내용을 보충하는 서류들이 첨부됩니다. 새로 발행하는 주식에 대한 세부적인 조건, 피투자회사의 지분증권 현황, 투자금 사용 용도 및 실사 약정, 이해관계인의 퇴사 제한 및 경업금지 약정서 등이 포함됩니다.

# 잠재적 독소조항

이어서 계약서에 들어갈 수 있는 독소조항에 대해 살펴보겠습니다.

창업자들은 일반적으로 투자 계약서를 쓰는 단계까지 가면 걱정보다는 설렘이 앞섭니다. 사업의 더 빠른 성장을 위해 큰 자본을 확보할 수 있는 기회가 눈앞에 보이기 때문입니다. 하지만 현실은 그렇지 않습니다. 계약서를 잘못 쓰면 회복하기 어려운 큰 손실을 입을 수도 있습니다. 독소조항에 대해 잘 알아야 하는 이유입니다.

실은 독소조항이라는 표현은 상당히 주관적입니다. 창업자의 관점에서는 '위협'으로 간주되지만, 투자자의 관점에서는 '안전장치'라고도 볼 수 있습니다. 옳고 그름의 문제가 아니라, 입장의 차이로 해석하는 것이 더 적절합니다. 이번 섹션에서는 창업자에게 더 포커스를 맞춰 잠재적 독소조항에 대해 얘기해보도록 하겠습니다.

첫 번째 조항은 '청산우선권Liquidation Preference'입니다. 청산우선권의 사전적 정의는 '잔여재산 분배에 관한 우선권' 정도로 풀어서 설명할 수 있습니다. 바로 예시를 살펴보겠습니다.

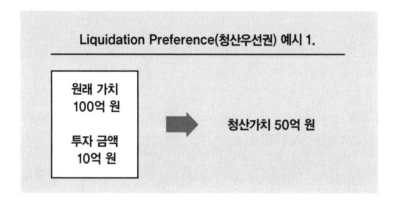

100억 원의 가치에 10억 원만큼의 투자를 유치한 스타트업 L이 있습니다. 원래 창업자의 지분이 100%였는데 투자를 받으면서 90%로 희석되었습니다. 투자를 집행한 VC는 10%의 지분을 확보하게 되었습니다. 투자를 받을 당시에는 전도유망한 스타트업이었지만 생각만큼 빠르게 성장하지 못했습니다. 그러던 중 회사를 50억 원에 청산할 수 있는 기회가 생겼습니다. 나쁘지 않은 제안이었습니다. 창업자는 기업을 매각하기로 결심했습니다. 기존 주주 10%가 있으니 5억 원(=50억 원×10%)을 정산하고, 본인이 나머지 45억 원을 가져가면 되겠다고 생각했습니다.

그런데 이때 문제가 생겼습니다. 기존 주주인 VC에게 청산우선권
이 있었던 것입니다. 청산우선권이 있을 경우 시나리오가 어떻게 변
하는지 살펴보겠습니다.

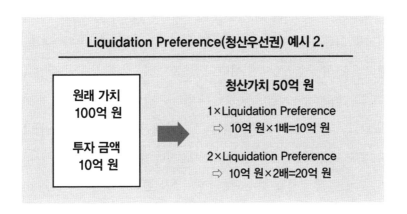

Liquidation Preference(청산우선권) 예시 2.

원래 가치
100억 원

투자 금액
10억 원

청산가치 50억 원

1×Liquidation Preference
⇨ 10억 원×1배=10억 원

2×Liquidation Preference
⇨ 10억 원×2배=20억 원

앞에서 설명했듯이 원래 기존 주주인 VC에게 5억 원만 정산
해줘도 되는 구조였습니다. 그런데 만약 VC가 '1×Liquidation
Preference'가 있다면 투자 원금의 1배수에 해당하는 금액만큼을
우선적으로 분배받을 수 있는 권리가 생깁니다. 5억 원이 갑자기
10억 원이 되는 것입니다. 지분율로 따지면 10%(=5억 원/50억 원)가
20%(=10억 원/50억 원)로 증가합니다.

'2×Liquidation Preference'가 있으면 상황은 더 안 좋아집니다.
10억 원의 2배수에 해당하는 금액을 우선적으로 기존 주주인 VC에

게 분배해줘야 하기 때문입니다. 5억 원이 20억 원으로 4배 증가합니다. 지분율도 40%(=20억 원/50억 원)까지 늘어납니다. 이 사실을 모르고 투자자에게 청산우선권을 줬다면 창업자는 큰 충격을 받았을 것입니다.

물론 이 시나리오는 스타트업 L이 100억 원보다 더 높은 가격에 회사를 청산하면 문제가 되지 않습니다. 예를 들어 200억 원에 팔린다고 하면 주주인 VC에게 원래 정산해야 하는 금액은 20억 원입니다. '2×Liquidation Preference'가 있어도 정산 금액은 동일하게 20억 원입니다. 해당 시나리오에서는 이러나저러나 상관없다는 뜻입니다. 투자 원금의 2배를 회수한다고 해도 VC 입장에서 잭팟은 아닙니다. 투자 원금 이상을 회수한 건 매우 좋은 일이지만, 보통 VC는 10배 이상의 멀티플을 기대하며 투자를 집행합니다.

청산우선권은 스타트업 입장에서는 가급적 피하고 싶은 조항입니다. 앞서 언급한 예시와 달리 창업자가 갚아야 하는 부채 등이 있다면 청산 후에 오히려 통장 잔고가 마이너스가 될 수도 있습니다. 다만, VC 입장에서는 다소 억울한 부분도 있을 것입니다. 창업자가 회사를 헐값에 팔면 투자기관은 큰 손해를 보기 때문입니다. 청산우선권은 창업자에게는 독소조항일 수 있지만, VC에게는 하방downside을 막아주는 유용한 도구가 될 수 있습니다.

두 번째 조항은 '동반매도요구권Drag-along(드래그얼롱)'입니다. 한글보다 영어 표현을 더 많이 써서 필자도 그냥 드래그얼롱이라는 단어를 사용하도록 하겠습니다. 드래그얼롱의 사전적 정의는 다음과 같습니다.

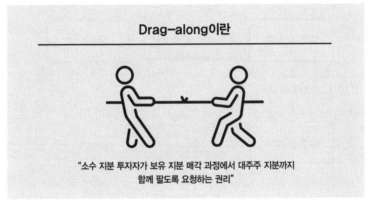

**Drag-along이란**

"소수 지분 투자자가 보유 지분 매각 과정에서 대주주 지분까지
함께 팔도록 요청하는 권리"

(출처: 한경 경제용어사전)

바로 또 예시를 살펴보겠습니다. 주주가 2명이 있다고 가정해보겠습니다. 주주 A는 회사 지분 20%를, 주주 B는 80%의 지분을 가지고 있습니다. 그런데 갑자기 C라는 사람이 A한테 와서 말합니다. "야, 나 너네 회사에 관심이 있으니 우리한테 지분 다 팔아."

이걸 들은 A는 혹 하게 되었습니다. 조건도 A 관점에서는 나쁘지 않았다고 가정해보겠습니다. 결국 A는 지분을 팔기로 결정을 했습니다. 그래서 이제 다른 주주인 B에게 갑니다. 그리고 다음과 같이 얘기합니다.

"B야, 나 C한테 지분 팔려고. 그런데 내 것만 안 팔고 너 것도 같이 팔 거야."

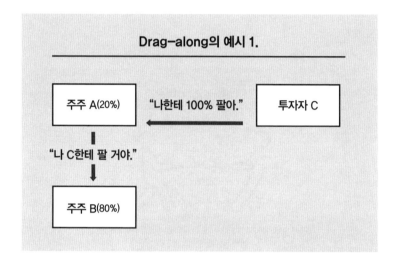

그때 B는 A의 의견에 동의할 수 없었습니다. 회사가 잘되고 있는데 굳이 지금 매각할 필요가 없다고 생각한 것입니다. 그래서 이렇게 얘기했습니다. "뭔 소리야, 난 싫어. 그리고 내가 지분도 더 많은데 네가 뭘 어쩔 건데." 그런데 그때 A가 이렇게 답변합니다. "나 Drag-Along 있는데?" 그러면서 첨언했습니다. "넌 어쩔 수 없어. C도 100% 아니면 인수 안 한대. 나 드래그얼롱 써서 그냥 네것도 같이 팔 거야. 결정했으니깐 그렇게 알고 있어."

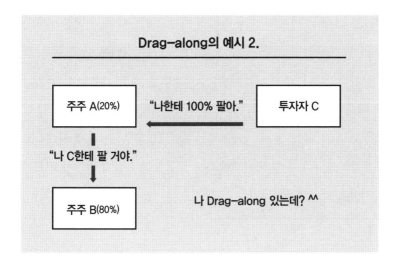

**Drag-along의 예시 2.**

주주 A(20%)　　"나한테 100% 팔아."　　투자자 C

"나 C한테 팔 거야."

주주 B(80%)　　나 Drag-along 있는데? ^^

상당히 극단적인 예시이긴 하지만 충분히 가능한 시나리오입니다. 보통 여기서 주주 A는 기관투자자, 주주 B는 창업자일 확률이 높습니다. 핵심은 이와 같은 방식을 통해서 PE나 VC 같은 기관투자자들이 소액 지분만을 가지고도 '드래그얼롱'이라는 조항을 통해 최대 주주인 창업자에게 동반매도를 '일방적'으로 요청할 수 있는 권한을 확보할 수 있다는 뜻입니다.

여기서도 VC의 관점에서 악마의 변호를 하자면, 기관투자자가 봤을 때는 드래그얼롱을 작동하는 시점이 가장 적절한 매도 시기일 수 있습니다. 창업자는 회사에 대한 애정이 크기 때문에, 시장의 반응에 대한 객관적 판단이 어려울 수 있습니다. 반면 기관투자자들은 일반적으로 더 많은 정보와 매각 경험을 가지고 있습니다. 특별한 이슈가 있는 게 아니라면 기관투자자도 최대한 높은 가격에 팔고 싶은 건 마찬가지입니다. 물론, 자본주의의 시스템은 냉정합니다. 선의에 의해 거래가 이루어지지 않는 경우도 많고, 적법하지만 비도덕적인 결정들도 흔치 않게 볼 수 있습니다. 드래그얼롱 관련 실제 사례들도 마찬가지입니다. 창업자 관점에서는 분명 조심스럽게 접근할 필요가 있는 조항입니다.

마지막 조항은 '주식매수청구권'입니다. 주식매수청구권은 피투자회사의 심각한 계약 위반이 있을 경우 발동되는 조항입니다. 진술과 보장에 허위가 있거나 경영상 사전 동의를 지키지 않는 것 등이 계약 위반에 포함됩니다. 이럴 때 투자사는 주식매수청구권을 행사하여 피투자회사와 피투자회사의 이해관계인으로부터 투자금에 이자를 더한 금액만큼을 회수할 권리가 생깁니다. 일종의 손해배상 성격의 조항으로 볼 수 있습니다. 관련 내용은 이미 앞에서 설명했으니 더 세부적인 내용은 생략하도록 하겠습니다.

다만, 한 가지 강조하고 싶은 부분은 주식매수청구권 관련 조항 작성 시 창업자가 짊어져야 하는 '책임의 범위'를 잘 확인해야 한다는 것입니다. 예컨대 사업을 운영하는 과정에서 경영진의 '중과실'과 '과실'은 엄연히 다릅니다. 당연히 '과실'이 포함하는 범위가 훨씬 더 큽니다. 창업자 관점에서는 주식매수청구권이 단순 과실일 때는 발동할 수 없는 구조로 계약서를 작성하는 것이 더 유리합니다. 반대로 투자자 관점에서는 계약서에서 명시하는 과실의 범위가 넓을수록 투자에 대한 리스크가 더 줄어들 것입니다. 앞에 두 가지 조항과 마찬가지로 여기서도 각자의 관점에 따라 양면성이 존재할 수밖에 없습니다.

# 벤처투자 표준계약서

한국벤처캐피탈협회는 1989년 산업자원부로부터 사단법인 허가를 받아 설립되었습니다. 현재는 주무관청이 중소벤처기업부로 되어 있습니다. 중기부와 함께 국내 벤처캐피탈 산업의 제도 개선을 위한 여러 종류의 사업을 진행하고 있습니다. 특히 교육 프로그램에 신경을 많이 쓰고 있는데, 협회에서는 중소벤처기업부 공인 '벤처캐피탈리스트 양성 과정'을 전담하여 운영 중입니다.[46]

협회의 홈페이지에는 좋은 자료들이 아주 많습니다. 필자의 경우 협회 홈페이지에 분기마다 올라오는 시장 동향 보고서를 정기적으로 확인합니다. 벤처투자를 위한 표준계약서 역시 마찬가지입니다. 협회의 자료실에 들어가면 투자 유형별로 쓸 수 있는 계약서 템플릿을 언제든 다운로드받을 수 있습니다. 생각보다 많은 관계자가 이에 대해 모르고 있어서 자료실의 위치를 다음 이미지를 통해 공유합니다(그림 16).

일단 벤처캐피탈협회(https://www.kvca.or.kr/)에 접속합니다. 상단에 보면

---

**46** 벤처투자촉진법 시행령 제23조에 따라 중기부 장관이 인정하는 전문인력 양성 교육 과정

'정보마당' 탭이 있습니다. 탭을 클릭하면 'VC 통계정보', '기본법령정보', '일반자료실' 등이 나옵니다. 여기서 '일반자료실'로 들어가면 VC 스타트업과 관련된 여러 문서를 확인할 수 있습니다. 자료들 중 '개정 벤처투자 계약서'를 클릭하면 앞서 설명한 표준 계약서를 일괄적으로 확인할 수 있습니다. 계약서 외에도 M&A 가이드, 창투사 법률 가이드, 벤처투자법에 대한 Q&A 등 유용한 내용들이 많으니 틈틈이 체크해볼 것을 권장합니다.

한국벤처캐피탈협회 QR 코드

### 그림 16. 한국벤처캐피탈협회

한국벤처투자 웹사이트에도 좋은 자료들이 많습니다. 홈페이지 상단의 발간자료에 들어가면 '투자계약 해설서'라는 카테고리가 별도로 준비되어 있습니다. 특히 초기(Seed 단계) 기업을 위한 투자계약서 해설서를 별도로 제공하고 있으니 필요시 참고하길 바랍니다.

# 스톡옵션, 제대로 알아보자

회사가 성장하기 위해서는 좋은 인력을 확보해야 합니다. 동서고금을 막론한 불변의 진리입니다. 좋은 인력이라고 하는 것은 시장에서 이미 검증이 완료된 프로페셔널일 수도 있고, 아직 성과는 없으나 성장 가능성이 충분한 인력일 수도 있습니다. 흔히 말하는 'A급 인력'을 회사로 데려오기 위해서는 상당한 노력이 필요합니다. 보통 대기업의 경우 높은 기본급과 탄탄한 복지 시스템을 레버리지해서 인재 영입을 진행합니다. 스타트업은 대기업과 상황이 다를 수밖에 없습니다. 처우가 많이 개선되고 있지만 어쩔 수 없이 대기업을 쫓아가기에는 어려움이 있습니다.

대신, 스타트업에게는 '스톡옵션'이라는 강력한 무기가 있습니다. 스톡옵션은 회사의 주식을 액면가 또는 시세보다 훨씬 낮은 가격에 매입할 수 있는 권리를 뜻합니다. 회사가 고속성장을 해서 IPO 등을 통해 규모 있는 엑시트를 하게 된다면 스타트업의 임직원들은 성장의 과실을 함께 나눠 가질 수 있습니다. 대기업에서도 스톡옵션을 받을 수 있지만 행사가가 높기 때문에 실현할 수 있는 이익이 제한적인 편입니다.

스타트업에 입사하는 인력들에게 스톡옵션은 매우 매력적인 인센티브입니다. 보통 VC들은 스타트업이 발행한 총주식 수의 약 10%에 해당하는 물량만큼을 스톡옵션으로 사용할 수 있게 합니다. 벤처기업법상으로는 50%까지 가능하지만 VC 투자자들이 납득할 수 있는 범위는 훨씬 더 작습니다. 표준계약서에도 당연히 관련 내용이 명시됩니다. 회사가 스톡옵션 풀pool 전체를 모두 발행하게 되면 기존 주주들 입장에서는 그만큼 지분이 희석됩니다. 투자자 입장에서는 회수 시 수익률이 떨어진다는 뜻입니다. 그럼에도 불구하고 스톡옵션을 용인하는 이유는 스타트업 경영에 그만큼 의미 있는 도움을 주기 때문입니다.

그럼에도 불구하고 많은 창업자와 실무자가 스톡옵션에 대한 개념을 정확히 잘 이해하지 못하고 있는 경우가 많습니다. 일부 VC 심사역들조차도 스톡옵션의 메커니즘을 정확히 이해하지 못하는 케이스가 종종 있었습니다. 이번 섹션을 통해 스톡옵션의 주요 개념과 꼭 알아야 하는 핵심 내용들을 정리해보도록 하겠습니다.

일단, 사전적 정의부터 다시 살펴보겠습니다.

### 스톡옵션이란?

스톡옵션 =  특정 가격 및 시점에 주식을
구매할 수 있는 권리

많은 사람이 '스톡옵션=주식'이라고 생각하는데, 시작점부터 잘못된 것입니다. 스톡옵션은 정확하게 얘기하면 주식을 구매할 수 있는 '권리'로 보는 것이 적절합니다. 단, 아무 때나 행사할 수 있는 권리는 아닙니다. 관련 법령상 스톡옵션을 행사하기 위해서는 부여 시점부터 최소 2년간 근무해야 합니다. 예컨대 2023년 1월에 입사했어도 스톡옵션을 부여받은 날짜가 2024년 1월이라면 옵션 행사를 위해서 2026년 1월까지 기다려야 한다는 뜻입니다. 시점뿐만 아니라 가격도 정해져 있습니다. 초기 단계에서는 보통 행사가는 액면가[47]이지만 뒷단으로 갈수록 행사가도 함께 올라갑니다.

행사가에 대해 첨언하자면, 원칙적으로 시가와 액면가 중 높은 금

--------------------------------------------------

[47] 액면가는 현재가치를 나타내는 주가와 달리 '표면가치(기초가치)'를 나타내는 가격이다. 지분가치의 최소의 가격을 결정하는 목적으로 사용되며, 상법상 최소 액면가 금액은 100원이나 보통 100~5,000원 사이에서 채택된다.

액 이상으로 측정해야 합니다. 예컨대 최근 라운드에서 100억 원의 기업가치를 인정받아 투자를 받았고, 100억 원 기업가치를 주당 가격으로 환산하여 10만 원이라고 가정한다면 투자유치 이후 발행하는 스톡옵션의 행사가 역시 주당 10만 원 이상으로 설정해야 한다는 뜻입니다. 단, 예외는 있습니다. 부여 당시 시가와 행사가의 차익이 5억 원 이하일 경우 액면가 이상으로만 행사가를 설정해도 무방합니다.[48]

또한, 스톡옵션을 행사하기 위해서는 행사가액만큼의 현금을 회사에 납부해야 합니다. 많은 스타트업 업계 실무자들은 스톡옵션을 행사하면 주식을 받는다고 생각합니다. 주식 2,000주를 부여받았고 행사가가 5,000원이라고 한다면 회사에 1,000만 원을 먼저 납입해야 하는 것입니다. 시가가 행사가보다 더 높으면 이익이 발생하지만, 그 전에 현금 유출이 선행된다는 점을 잘 인지하고 있어야 합니다. 또한, 스톡옵션을 행사했는데 주식을 바로 팔지 못하는 경우가 있다면 회수 시점에 대한 이슈도 생길 수 있습니다. 상장사의 경우 주식을

---

**48** [(부여 당시 시가 − 행사가액)×주식매수선택권 행사 대상 주식 수]가 5억 원 이하일 경우의 시나리오를 지칭한다. 예를 들어 시가가 10만 원인데 액면가가 1,000원이고, 스톡옵션을 부여한 수량이 200주라고 가정해보자. (100,000원−1,000원)×200주=약 2,000만 원으로 5억 원보다 작다. 따라서 이럴 경우 액면가액 이상으로만 행사가를 설정해도 괜찮다. 스톡옵션을 받는 입장에서는 행사가 낮을수록 더 큰 차익을 실현할 수 있으니 낮을수록 더 유리하다.

언제나 팔 수 있지만 비상장 상태이면 막연한 기다림이 될 수도 있다는 뜻입니다.

이제 예시를 살펴보겠습니다. 쉬운 사례부터 시작하겠습니다.

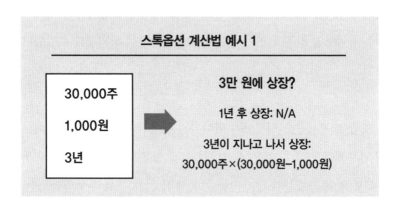

3만 주에 해당하는 스톡옵션을 1,000원의 행사가에 부여받았음을 가정해보겠습니다. 회사는 빠르게 성장해서 3년 후에 IPO에 성공했습니다. 주가는 약 3만 원 수준으로 형성되었습니다. 이때 스톡옵션을 행사하면 얼마만큼의 차익을 실현할 수 있는 걸까요? 위의 예시에서 보듯이 '보유 주식 수×(시가 - 행사가)'를 하면 바로 계산이 가능합니다. 숫자를 넣어보면 '30,000주×(3만 원-1,000원)'이 됩니다. 금액으로는 약 8억 7,000만 원입니다.

조금 더 복잡한 케이스로 살펴보겠습니다. 많이 쓰는 기법인 베스팅Vesting이 적용된 사례입니다.

## 스톡옵션 계산법 예시 2

20,000주
1,000원
2년 뒤 50%
3년 뒤 25%
4년 뒤 25%

2년 이내: 0주, 0원

2년 뒤: 10,000주 @1,000원

3년 뒤: 5,000주 @1,000원

4년 뒤: 5,000주 @1,000원

베스팅은 스톡옵션을 행사하기 전까지 필요한 일종의 '대기시간' 같은 개념입니다. 스톡옵션에 베스팅이 걸려 있으면 행사할 수 있는 주식의 수량이 기간에 맞춰 한정됩니다. 예컨대 위의 예시 2와 같이 베스팅이 걸려 있으면 2년 뒤 행사할 수 있는 수량은 부여받은 2만 주 중 50%에 해당하는 1만 주로 제한됩니다. 1년이 지나 부여 시점 기준 3년 후가 되면 추가로 5,000주를 더 행사할 수 있고, 4년 후에는 마지막 5,000주까지 모두 행사할 수 있습니다. 행사가격은 동일하게 1,000원입니다.

여기서 한 가지 주의해야 할 부분은 정관에 기재된 내용입니다. 정관상에 스톡옵션을 부여 결의일로부터 3년 이내에 행사해야 한다는 내용이 명시되어 있다면, 지금 설명한 예시처럼 4년 차까지 베스팅을 걸어둘 수 없습니다. 경영진 입장에서는 관련 규정을 미리 확인해볼 필요가 있습니다.

마지막으로 세금에 대한 부분을 간단하게 살펴보겠습니다. 일반기업과 벤처기업의 과세 방법이 다르지만, 이 책에서는 벤처기업에 포커스를 맞추고 있는 만큼 일반기업에 대한 내용은 생략하도록 하겠습니다.[49] 결론부터 얘기하면 벤처기업의 경우 양도세가 핵심입니다. 일반기업과 달리 벤처기업은 스톡옵션 행사 시 발생하는 이익에 대한 여러 가지 세금 특례를 적용받습니다. 이를 통해 결론적으로 벤처기업의 경우 양도 시점에만 세금이 발생하게 됩니다.[50] 양도소득세의 경우 상황에 따라 구체적인 숫자가 달라지는데 대략 10~30% 구간으로 보면 되고, 증권거래세의 경우 코스피/코스닥/비상장의 경우에 따라 0.08~0.43%의 세율이 적용됩니다. 관련해서 추가적인 설명이 필요한 독자들은 아래 주석을 참고하길 바랍니다.

--------------------------------------------------------------

**49** 일반기업의 경우 스톡옵션 행사 후 이익이 발생하면, 해당 금액에 대해 소득세를 먼저 납부해야 한다. 예를 들어 행사가액이 2만 원이고 부여받은 주식이 2,000주인데 시가는 6만 원이라고 가정해보자. 주식의 시가에서 행사가액을 빼면 4만 원인데, 여기에 부여된 주식 1,000주를 곱하면 행사에 따른 이익으로 4,000만 원이 나온다. 스톡옵션을 행사하는 근로자의 연봉이 9,000만 원이라고 한다면 종합소득세 신고 시 과세표준에 따라 35%의 세율이 적용된다. 여기에 더해, 추후 제3자에게 지분을 양도할 경우 추가적으로 양도소득세와 증권거래세가 부과된다.

**50** 벤처기업의 경우 스톡옵션 행사 시점의 근로소득세를 '양도 시점'으로 이연시킬 수 있다. 또한 벤처기업이 스톡옵션 행사이익에 대해서 근로소득세가 아닌 양도소득세 과세 방식을 신청한 경우, 조세특례제한법 제16조에 따라 근로소득세를 과세하지 않을 수 있음이 특례조항에 명시되어 있다.

# 5장

## 스타트업의 고민

필자는 창업자를 마음 깊이 존경합니다. 창업자의 길은 어려운 길입니다. 성공한 창업자에게는 영광의 순간들이 오지만, 반짝이는 순간보다 괴로움의 기간이 훨씬 더 깁니다. 수많은 의사결정을 해야 하고, 그 의사결정에 대한 책임을 온전히 져야 하는 존재입니다.

토스의 이승건 대표는 한 강연에서 창업자의 삶에 대해서 이렇게 말했습니다.

> "앞으로 당신의 삶은… 자식들에게 굿나잇 키스를 할 수 없게 될 것이고, 당신은 좋은 집과 좋은 차를 포기해야 할 것이다. 친구들은 당신을 이해하지 못하게 될 것이며, 사람들은 당신이 인생에서 길을 잃고 방황한다고 생각할 것이다. 당신은 팀원들의 월급을 줄 수 없는 시기가 올 것이며, 그리고 누군가는 당신을 고소할 것이다. 무조건 분명히."

모든 창업자에게 적용되는 메시지는 아니겠지만, 창업 후 회사를 키워가는 과정이 얼마나 힘든지를 잘 표현한 메시지라고 생각합니다. 필자도 VC의 심사역으로서, 스타트업의 CEO로서 그 무게감을 직간접적으로 느껴볼 수 있었습니다. 그래서 이번 장은 창업자들에게 조금이나마 도움이 되길 바라는 마음으로 내용을 정리해봤습니다.

가장 많은 질문을 받았던 항목들을 중심으로 전문가들의 답변과 필자 개인의 생각을 함께 녹여봤습니다. 예비 창업자와 스타트업 실무자들도 알아야 하는 내용입니다. 창업자의 길, 같이 한번 들어가 보겠습니다.

# 01

# 공동 창업자와의 지분 분배

먼저 '공동 창업자co-founder'와의 지분 분배라는 주제에 대해 얘기해 보겠습니다.

스타트업을 혼자 시작하는 경우는 생각만큼 많지 않습니다. 기업 정보 데이터베이스인 '크런치베이스Crunchbase'에 따르면 미국에서 약 100억 원 이상 투자유치에 성공한 스타트업 중 약 55%가 2인 이상의 동업으로 설립되었다고 합니다. 몇몇 초기 투자사는 단독 창업보다 공동 창업을 더 선호한다는 메시지를 공개적으로 던진 바 있습니다.

정답은 없습니다. 어떤 결정을 하든 장단점이 분명 공존할 것입니다. 여러 가지 기준이 있겠지만, 가장 보편적인 방법은 창업자 중 한 명이 50% 이상의 지분을 확보하는 것입니다. 더 확실하게 힘을 몰아주려면 주주총회 시 특별결의[51]의 기준이 되는 지분 67% 이상을 1인에게 주면 됩니다. 투자를 받다 보면 지분이 점점 희석되므로 창업자 중 한 명이 여유 있게 80% 이상을 확보하는 구조로 가는 경우가 많습니다. 더 극단적으로 보면 대표자 1인이 지분 100%를 가져갈 수도 있습니다. 이런 구조는 속도에 대한 강점이 있습니다. 사공이 여러 명이어서 배가 산으로 갈 확률도 줄어듭니다. 단, 밸런스의 문제가 생길 수 있습니다. 좋은 방향으로 가면 장점이 극대화되겠지만, 반대 상황이면 갈등도 극대화합니다.

창업자들 간 균등한 지분 분배가 좋다는 의견도 있습니다. 미국 실리콘밸리의 대표적인 벤처캐피탈 중 하나인 '와이컴비네이터 Y-combinator'도 창업자들이 지분을 균형 있게 나누는 것을 선호합니다. 스타트업은 하루아침에 성공할 수 없습니다. 결과물을 만들기까지 보통 5~10년 정도의 시간이 소요됩니다. 이 기간을 혼자서 버티기는 매우 어렵습니다. 함께 긴 싸움을 할 수 있는 동료가 필요합니다.

스타트업이 제공할 수 있는 가장 강력한 인센티브는 결국 지분입니다. 좋은 공동 창업자를 찾고 지분으로 서로의 이해관계를 '얼라인 align'시켜 오랜 기간 동안 함께 의지하며 사업을 만들어가는 것도 나쁘지 않은 방법입니다. 대표자가 아무리 지분을 많이 가지고 있어도

---

**51** 회사의 주요 의사결정은 대부분 주주총회 특별결의를 통해 이루어진다.

회사가 성장하지 못하면 말짱 도루묵입니다. 단, 1인 중심 체계와 반대로 배가 산으로 갈 확률은 높아집니다. 물론 모두 그렇다는 것이 아닙니다. 확률을 얘기하는 것입니다. 균등한 힘을 가진 사람이 여러 명이면 조직의 특성상 의사결정의 속도가 늦어질 가능성이 큽니다.

공동 창업자는 대표자의 단점을 보완하는 역할을 할 수 있습니다. 예컨대 경영은 잘하지만 개발 역량이 없는 CEO는 CTO(최고기술책임자)를 공동 창업자로 초대할 수 있습니다. 반대로 개발은 잘하지만 매니지먼트가 부족한 대표라면 사업을 잘하는 공동 창업자를 찾으면 됩니다. 해외 영업이 절대적으로 중요한 사업인데 영어 커뮤니케이션 능력이 부족하다면 유학생 출신의 공동 창업자가 해답을 줄 수도 있습니다.

방향을 잡는 과정에서도 마찬가지입니다. 한 명이 모든 의사결정을 하게 되면 문제를 바라보는 관점이 한쪽으로 '편향biased'될 수 있습니다. 이때 공동 창업자는 팀의 밸런스를 잡아주는 '무게 추'의 역할을 할 수 있습니다.

다만, 공동 창업자를 선택하는 일은 매우 신중하게 진행되어야 합니다. 뿌리가 좋지 않은 나무는 탄탄하게 자랄 수 없는 법입니다. 지분까지 나눠주는 공동 창업자를 선택하는 작업은 회사의 명운을 좌우한다고 해도 과언이 아닙니다. 제일 중요한 부분은 결국 '지금'이 아니라 '앞으로' 얼마나 기여할 수 있을지를 꼭 봐야 합니다. 여러 번 강조했듯이 스타트업은 긴 호흡으로 봐야 합니다. 빠른 성장을 추구하지만 결과물을 만들기 위해서는 절대적인 시간이 필요할 수밖에 없습니다. 5~10년의 타임 프레임으로 놓고 본다면 첫 1년 동안 얼마나 기여한지는 크게 중요하지 않습니다.

필자는 스타트업들이 당장 필요한 인력들을 공동 창업자로 뽑았다가 나중에 크게 후회하는 경우를 너무 많이 봤습니다. 회사의 규모가 커지면 그에 맞는 역량이 필요합니다. 잘못 선택한 공동 창업자들은 그들에게 요구되는 기댓값을 충족하지 못합니다. 하지만 그들을 함부로 대할 수는 없습니다. 이미 유의미한 지분을 확보하고 있는 '개국공신'이기 때문입니다. 역량이 부족하면 정치를 합니다. 불필요한 잡음과 갈등을 만들며 본인들의 존재감을 과시합니다. 이들에게 발목 잡힌 회사는 성장이 정체될 수 있습니다. 이런 상황이 발생하면 늦더라도 과감하게 독을 제거하는 작업이 필요합니다. 그렇게 하지 못할 경우 기업의 존폐마저 고민해야 하는 단계로 넘어갈 수 있습니다.

성향적인 부분도 잘 봐야 합니다. 오랜 기간 함께할 동료이기 때문입니다. 꿈의 크기와 그릇의 크기가 중요합니다. 무조건 큰 것이 좋다는 뜻은 아닙니다. 서로가 바라보는 관점이 비슷해야 합니다. 사업이 잘 성장해서 후반전으로 넘어가면 이런 크기의 차이가 갈등의 요소가 될 수도 있습니다. 일을 대하는 태도와 인간성의 중요성은 두 번 세 번 강조해도 지나치지 않습니다.

필자는 개인적으로 타인을 배려할 줄 알고 본인의 오류를 인정할 줄 아는 겸손함이 중요하다고 생각합니다. 조직을 위해 개인을 희생할 줄 아는 마음도 중요합니다. 소탐대실하는 경영진과 지분을 나누는 행위는 무척 위험합니다. 커뮤니케이션 방법도 잘 봐야 합니다. 날카로운 말로 상대의 마음을 다치게 하는 동료와는 오래 일하기 힘들지 않겠습니까. 결국, 이런 부분을 잘 파악하기 위해서는 오랜 기간 충분한 대화를 통해 잠재적 공동 창업자에 대해 잘 알아가는 것이 중요할 수밖에 없습니다.

더불어 공동 창업자와 함께 사업을 할 거라면 '주주간계약서'는 꼭 작성하는 것이 좋습니다. 사업을 하다 보면 공동 창업자와 관계가 안 좋아지는 경우가 많습니다. 대화를 통해 함께 문제를 풀기도 하지만 돌아올 수 없는 다리를 건너는 케이스도 빈번합니다. 퇴사를 하는 공동 창업자도 발생합니다. 회사를 나간 공동 창업자가 지분이 많다면 문제가 커질 수 있습니다. 고의적으로 회사의 주요 경영 사항에 반대표를 던질 수도 있는데, 주주간계약서는 이런 상황에 대한 해답을 줍니다. 예컨대 계약서에 콜옵션과 같은 조항이 있다면 공동 창업자가 퇴사할 경우 퇴사자의 지분을 액면가에 매수할 수 있는 권리 등을 확보할 수 있습니다.[52] 퇴사 후 특정 기간 동안 경쟁사에 취업을 제한하는 내용도 포함할 수 있습니다.

필자는 개인적으로 (가능한 상황이라면) 창업자가 지분 100% 또는 100%에 가까운 수준을 가지고 사업을 시작해도 좋다고 생각합니다. 스타트업의 핵심 경쟁력 중 하나는 속도입니다. 심플한 의사결정 구조는 조직의 '실행 속도speed of execution'를 높여주며, 지분 구조가 심플하면 엑시트도 더 수월할 수 있습니다.

단, 중요한 전제가 있습니다. 창업자 겸 대표자가 유능한 리더여야 한다는 것입니다. 아집만 있고 실력은 없다면 의미 있는 결과물을 만들기 어렵습니다. 대표자가 지분을 90% 이상 가지고 가는 경우, 지분 분배 대신 스톡옵션을 활용해서 파트너를 확보하는 방법도 있습니다. 스톡옵션을 행사하기 위해서는 상법상 최소 2년간 회사에 근무해야 합니다. 스톡옵션은 권리를 행사하지 않으면 지분으로 카운트되지 않습니다. 공동 창업자급 인력들에게 지분 외에 다른 방법을 통해 인센티브를 줄 수도 있습니다. 예컨대 회사가 특정 수준 이상의 펀딩을 성공할 경우 기본급을 과감하게 올려줄 것을 사전에 약속하는 방법도 있고, 현금 여유가 있다면 입사 시 사이닝 보너스(회사

---

**52** 예를 들어, 회사 설립 1년 내에 퇴사하면 지분 100%를 액면가에 인수하고, 1~2년 내에 퇴사하면 지분 50%를 매수할 수 있는 구조 등으로 계약서를 작성할 수 있다.

에서 새로 합류하는 직원에게 주는 일회성 인센티브)를 일괄적으로 지급해주는 방법도 존재합니다.

　다시 말하건대, 공동 창업자와의 지분 분배는 어려운 주제이고, 명확한 정답도 없습니다. 각 시나리오별로 장단점이 있기 때문에 여러 요소를 복합적으로 고려해서 의사결정을 해야 합니다. 그럼에도 불구하고 분명한 사실은 공동 창업자를 선택하는 의사결정은 회사의 명운을 결정할 만큼 중요한 일이기 때문에 신중하고 또 신중해야 합니다. 물은 한번 엎지르면 다시 담기 힘들기 때문입니다.

# 좋아하는 일, 잘하는 일

스타트업을 시작함에 있어 근본적인 고민 중 하나는 '어떤 걸 할까?' 일 것입니다. 일단 개인의 관점에서는 보통 가장 많이 하는 고민이 내가 좋아하는 걸 하는 게 맞을지, 아니면 내가 잘하는 걸 하는 게 맞을지에 대해 생각해야 합니다. 교집합에 해당하는 아이템 또는 사업이 있다면 베스트입니다. 다만, 아쉽게도 필자는 그런 사례를 많이 보지는 못했습니다. 둘 중 하나를 선택했던 케이스가 더 빈번했습니다.

좋아하는 일을 할 때의 장점은 업에 대한 즐거움이 생길 확률이 높다는 것입니다. 앞서 언급했듯 스타트업은 호흡이 길기 때문에 버티는 힘이 매우 중요합니다. 즐거운 마음으로 사업을 하면 힘든 구간을 더 잘 견딜 수 있는 것 같습니다.

덕업일치의 또 다른 장점은 고객에 대한 남다른 공감 능력입니다.

무신사의 창업자인 조만호 대표는 잘 알려진 신발 '덕후'입니다. 무신사는 '무진장 신발 사진 많은 곳'의 약자로 시작한 커뮤니티 사이트입니다. 그는 차별화된 콘텐츠를 통해 마니아 층을 공략하며 다수의 충성 고객을 확보했고, 이후 커머스로 성공적으로 전향하면서 현재는 수조 원의 기업가치를 인정받는 유니콘 스타트업이 되었습니다. 좋은 서비스의 공통점 중 하나는 고객들의 니즈를 잘 충족시킨다는 것입니다. 본인이 '덕질'을 하는 분야였던 만큼 타깃 세그먼트 segment와 더 깊은 공감대 형성이 가능했을 것이라고 생각합니다.

잘하는 일을 할 때의 장점도 비슷한 것 같습니다. 20세기 세계 최고 건축가 중 한 명인 루트비히 미스 반 데어 로에는 "신은 디테일에 있다 God is in the details"라고 말한 바 있습니다. 디테일의 차이가 일류와 이류를 구분한다는 뜻입니다. 잘하는 사람들은 보통 디테일에 매우 강합니다. 디테일을 잘 잡으니 사업도 잘합니다. 사업을 잘하니 투자자들의 관심을 받습니다. 잘하는 일로 IR을 하니 투자유치 가능성도 올라갑니다.

무신사의 경쟁사인 에이블리의 강석훈 대표가 좋은 사례입니다. 그는 조만호 대표 같은 패션 덕후는 아니었습니다. 대신, 그는 OTT 서비스 스타트업 왓챠를 공동 창업하면서 플랫폼 비즈니스에 대한 깊은 전문성이 있었고, 데이터를 기반으로 고객들의 니즈를 충족시킬 수 있는 역량을 보유하고 있었습니다.

이런 그의 강점은 VC들에게도 충분히 설득력이 있었습니다. 결과적으로 LB인베스트먼트, 시그나이트파트너스(신세계그룹 기업형 VC), 코오롱인베스트먼트와 같은 톱 티어 기관으로부터 투자유치에 성공했습니다. 현재는 조 단위 거래액을 기록하며 무신사와 자웅을 겨루고 있습니다.

필자는 개인적으로 좋아하는 것과 잘하는 것 중에 하나를 '꼭' 택해야 한다면 잘하는 일을 하는 게 맞다고 생각합니다. 이유는 단순합니다. 아무리 좋아하는 분야여도 그게 일이 되면 재미가 없어질 수 있습니다. 기대치가 높으니 한번 꺾이면 열정도 빠르게 식습니다. 반면 일을 반복적으로 잘하고, 또 주변으로부터 '일잘러'로 인정까지 받게 되면 없던 재미도 생길 수 있습니다. 심리적인 요소가 큰 것 같습니다. 물론 정답은 없습니다. 반대 케이스로 성공한 사례도 너무 많습니다. 당연한 말이지만 둘 다 해당된다면 가장 베스트입니다.

| 좋아함의 장점 | 잘함의 장점 |
| --- | --- |
| 일을 대하는 즐거움<br>오래할 수 있는 힘<br>타깃에 대한 공감<br>·<br>·<br>· | 디테일에 강함<br>자금 조달의 용이함<br>잘하면 좋아할 확률 ↑<br>·<br>· |

## TiP 창업자의 기질

성공하는 창업자는 어떤 유형의 사람일까요?

시대를 주도하는 창업자의 모습은 멋짐을 넘어 경이롭기까지 합니다. 시장의 참여자들은 그들에 대해 궁금한 점이 많습니다. 어떤 이유로 창업했는지, 어떤 기질을 가지고 있는지 등을 알고 싶어 합니다. 그 과정을 통해 일종의 '성공 방정식'을 찾을 수 있을까 하는 기대 심리도 일부 있는 것 같습니다.

필자는 개인적으로 성공하는 창업자의 특성을 일반화하기는 어렵다고 생각합니다. 의미 있는 성과를 만들고 있는 수많은 창업자를 만났지만 그들은 모두 각자의 개성이 있었습니다.

창업의 이유도 달랐습니다. 연 매출 100억 원을 달성한 코딩 교육회사 '팀스파르타'의 이범규 대표는 창업의 이유에 대해서 다음과 같이 말했습니다.

*"회사 조직에 속해 있을 때도 그 안에서 잘되는 게 매우 어려운 일이라고 생각했다. 가령 대기업 임원급까지 올라가는 건 매우 어렵다. 그렇다고 프리랜서로 대성하는 건 어디 쉽나. 차라리 내가 재미*

있게 할 수 있는 일로 창업하자고 생각했다.[53]"

AI 기술을 기반으로 위조품을 찾아내는 서비스를 제공하는 '마크비전'의 대표 이인섭은 창업의 이유에 대해 다음과 같이 설명했습니다.

> "컨설팅 업체 맥킨지에서 근무할 때 억대 연봉을 받기도 했었다. 그러나 큰 조직에서 작은 임팩트를 내는 게 재미없었고, 젊을 때 좀 더 빠르게 임팩트 있는 일을 하고 싶다고 생각했다. 그런데 지금 돌이켜보면 그 일도 의미 있는 일이었다. 다만 당시 인생의 목표나 커리어 계획이 없는 상태였다 보니 그 일에서 의미를 찾지 못했던 것 같다. 사실 창업에 대한 생각은 그전부터 했다. 대학교 1학년 때 이베이 창업자의 성공 신화를 접하면서 '다음 생에 기회가 있다면 그런 삶을 살아도 멋지겠다'라고 생각했던 게 기억난다."

굳이 공통점을 찾으려고 한다면 억지로 엮어서 나름의 '공식' 같은 걸 얘기해볼 수도 있겠으나, 크게 의미 없는 일이라고 생각합니다. 개인마다 가지고 있는 본질적인 기질이 다른데 그들의 성향을 어떻게 일반화할 수 있을까요?

다만, 필자가 읽은 기사 중에 '재미'로 참고해볼 만한 내용이 있어 독자들께도 공유하고자 합니다. 요즘 핫한 MBTI입니다.

〈매일경제〉에서 국내 100여 개의 주요 스타트업 창업자 또는 CEO의 MBTI

------------------------------------------------------------------------

**53** 출처: 이코노미조선 인터뷰(https://www.mk.co.kr/economy/view/2021/608269)

유형을 조사했습니다. 총 107명을 대상으로 진행이 되었는데, 조사결과 ENTJ형이 제일 많은 것으로 밝혀졌습니다. 김슬아 마켓컬리 대표, 이승건 토스 대표, 박재욱 쏘카 대표 등 24명(약 22%)이 ENTJ라고 답했습니다. ENTJ 다음으로는 ENTP(18명), ENFP(15명) 순으로 이어집니다. 남대광 블랭크코퍼레이션 대표는 ENTP 유형이었고, 김용현 당근마켓 공동 창업자는 ENFP라고 답했습니다. INTP와 INTJ도 적지 않았습니다. INTP의 대표적인 사례로는 안성우 직방 대표, 강석훈 에이블리 대표 등이 있었습니다. INTJ형 리더로는 패스트트랙 아시아의 박지웅 대표가 포함되었습니다.

하지만 인터뷰에 응답한 대표들은 본인들의 MBTI가 사업 단계별로 바뀌었다고도 말했습니다. 그때그때 당면한 상황에 따라 능동적으로 대응해야 하는 대표이사의 자리가 MBTI와 같은 성향 테스트에도 영향을 주는 것 같다고 첨언했습니다. 이수진 야놀자 대표는 ENTJ가 나왔지만 그전 테스트에는 정반대인 INTP가 나왔다고 합니다. 흥미로운 통계였지만 크게 의미를 부여하기는 어려울 것 같습니다.

이런 궁금증이 생기고, 이런 기사가 나오는 이유는 결국 창업자에 대한 '존경심'과 '호기심'에서 비롯된다고 생각합니다. 창업자들 생각의 방향을 같이 고민해보고 분석하는 일은 의미 있는 노력이라고 생각합니다. 그 속에서 분명 본인에게 도움이 되는 인사이트를 얻을 수 있을 것이라 믿습니다. 다만, 지나친 일반화의 오류를 범하지 않도록 노력해야겠습니다.

# 잘나가는 스타트업의 공통점

다음으로 고민해볼 만한 질문은 '잘되는 스타트업들의 공통점은 무엇인가?'일 것 같습니다. '1+1=2' 같은 단순 공식은 물론 없습니다. 다만, 빠르게 성장했던 스타트업들의 공통분모 정도는 정리해볼 수 있습니다. 요약하면 크게 다음 세 가지 질문으로 귀결됩니다.

1. 타깃 시장은 충분히 매력이 있는가Market?
2. 어떤 문제를 풀고자 하는가Product/Service?
3. 어떤 팀으로 이루어져 있는가Team?

1번부터 살펴보겠습니다. 타깃 시장의 매력도는 결국 시장의 규모와 가장 밀접하게 연결되어 있습니다. 목표로 하는 시장의 규모가 클수록 성공 확률이 올라간다는 뜻입니다. 그럴 수밖에 없습니다.

2개의 시장이 있다고 가정해보겠습니다. 시장 A는 100억 원짜리 마켓이고, 시장 B는 10조 원 규모의 마켓입니다. 시장 A에서는 100%를 다 가져와도 매출이 100억 원인 반면, 시장 B는 1%만 가져와도 1,000억 원입니다. 성장 포텐셜이 다를 수밖에 없습니다.

네이버의 성공 스토리는 좋은 예시입니다. 독자들도 잘 아시겠지만 네이버는 검색 서비스로 사업을 시작했습니다. 수익화 전략을 잡는 과정에서 광고를 선택했는데, 네이버가 타깃한 국내 광고시장은 온·오프라인을 통합했을 때 약 10조 원 정도로 추정되는 큰 마켓이었습니다. 회사는 해당 시장에서 약 20~30% 수준의 점유율을 기록하는 데 성공했고, 결과적으로 시가총액 기준 20조 원이 넘는 회사로 자리 잡을 수 있었습니다.

페이스북(현 메타)의 전 COO(최고운영책임자) 셰릴 샌드버그는 하버드 경영대학원 졸업식 축사에서 이렇게 얘기했습니다. "로켓에 자리가 나면 그 자리가 어디에 위치해 있는지 묻지 마세요. 일단 올라타면 되는 겁니다If you are offered a seat on a rocket ship, don't ask what seat. Just get on."

여러 해석이 가능하지만, 골자는 결국 큰 흐름을 따라가면 기회가 있다는 뜻입니다.

두 번째는 제품과 서비스입니다. 제품과 서비스는 곧 회사가 풀고 싶은 문제를 뜻합니다. 당근마켓은 중고시장의 문제를 풀고 싶었고,

쏘카는 이동의 문제를 풀고 싶었습니다. 고속 성장하는 스타트업들은 공통적으로 풀고 싶은 문제가 명확합니다. 제품과 서비스의 완성도가 부족해도 방향 설정을 명확하게 했으면 그 근처까지는 가는 경우가 많습니다.

필자는 최근 〈이상한 나라의 수학자〉라는 영화를 봤습니다. 영화에는 최민식 배우가 연기한 북한 출신의 수학 천재가 나오는데, 대사 중에 이런 말이 있었습니다. "틀린 질문에서 옳은 답이 나올 수 없다." 스타트업도 마찬가지인 것 같습니다. 질문이 올바르지 않으면 좋은 답을 찾을 수 없습니다. 성공의 확률을 높이기 위해서는 어떤 문제를 풀기 위해 어떤 제품과 서비스를 만들고 있는지를 깊이 고민해야 합니다.

세 번째는 팀입니다. 카카오의 대표로 내정된 정신아 카카오벤처스 대표[54]는 한 인터뷰를 통해 "150여 개의 회사에 투자해보니 결국 사람이더라"는 메시지를 던진 바 있습니다. 필자도 무척 공감하는 내용입니다. 창업은 '제로 투 원Zero-to-One'을 하는 일련의 과정입니다. 무에서 유를 창조한다는 뜻입니다. 아무것도 없는 것에서 '무언가'를 만드는 일을 하는 주체는 결국 사람입니다. 스타트업의 가장 기본은 '팀team'일 수밖에 없습니다. 따라서 어떤 팀이 모여 어떤 문제를 풀

---

[54] 2023년 12월 기준

고자 하는지가 핵심 중의 핵심입니다.

　좀 더 나아가면, 회사가 정의한 문제를 잘 풀 수 있는 구성원들로 이루어졌는지를 봐야 합니다. 상장시장에서 조 단위의 가치를 인정받은 루닛Lunit[55]의 사례를 살펴보겠습니다. 회사의 창업자인 백승욱 루닛 의장은 카이스트에서 전자공학과 박사를 받은 기술 전문가입니다. 대표이사인 서범석은 서울대병원 가정의학과 전문의 출신입니다. 루닛은 AI라는 딥테크 기술을 의료에 접목하는 회사입니다. 데이터에 대한 높은 이해도와 의학에 대한 깊은 지식이 함께 필요하다는 뜻입니다.

　그런 맥락에서 루닛의 팀 구성은 상당히 매력적으로 보입니다. 밸런스 있는 조합이 돋보이는데, 이런 부분에 대해서 기관들도 높은 점수를 주고 있습니다. 풀고 싶은 문제가 명확하고, 그 문제를 잘 풀 수 있는 경영진들이 존재합니다. 물론, 아직은 루닛이 성공한 헬스케어 회사라고 말하기는 다소 이릅니다. 가능성은 충분하지만 실적(이익)으로 보여준 부분은 없습니다. 다만, 빠르게 성장하는 스타트업 팀의 좋은 예시로 참고하기에는 부족함은 없어 보입니다.

---

**55** 루닛은 인공지능(AI)을 활용하여 암을 진단하는 솔루션을 제공하는 회사다. 2022년 코스닥 상장에 성공했다.

1~3번 외에 한 가지를 더 추가한다면 '좋은 VC들과 함께하는지'를 꼽을 수 있을 것입니다. VC가 성공의 보증수표는 아니지만, 1장의 내용을 통해 국내외에서 VC의 영향력이 얼마나 큰지 우리는 이미 확인할 수 있었습니다. VC 투자유치가 성장의 촉매제가 될 수 있다는 것은 부인할 수 없는 사실입니다. 구구절절한 설명도 이제는 필요 없을 것이라 생각합니다.

# TiP IR Deck의 핵심

VC 투자를 잘 받기 위해서는 IR 과정이 중요한데, 특히 IR Deck을 잘 만들어야 합니다. 자료를 예쁘게 만들어야 한다는 뜻은 아닙니다. 구성이 중요합니다. 불필요한 내용은 빼고, 꼭 필요한 내용은 반드시 포함해야 합니다. 핵심은 이미 앞에서 모두 정리했습니다. 시장, 제품 그리고 팀입니다. 어떤 시장에서, 어떤 제품과 서비스를 가지고, 어떤 팀과 함께 어떤 문제를 풀고 있는지를 명확하게 설명해주면 됩니다. 추가적으로 경쟁자 대비 비교우위가 무엇인지, 앞으로 어떻게 수익을 낼 것인지 등이 포함되면 좋습니다. 그다음은 결국 VC들이 판단하는 몫입니다.

IR Deck에 들어가는 세부적인 내용에 대한 조언은 시중의 책과 블로그 등을 통해 쉽게 찾을 수 있습니다. 유튜브에도 좋은 영상이 많습니다. 스타트업 전문 채널 'EO'에는 패스트트랙 아시아 박지웅 대표나 위벤처스 김소희 상무 등이 출연한 영상들이 있습니다. IR 관련한 조언들도 있으니 창업자들께서는 참고하면 큰 도움이 될 것입니다.

필자는 여기서 한 가지만 따로 첨언하고자 합니다. 기존의 자료들에서 잘 언급되지 않는 부분이기에 이번 섹션을 통해 간단하게 얘기해보도록 하겠습니다. 결론부터 먼저 말하면, 키워드는 '야망ambition'입니다.

투자유치를 힘들어하는 스타트업들의 IR Deck을 보면 실적 예상치를 지나치게 보수적으로 잡은 경우가 많습니다. 실현 가능성이 작은 내용을 넣으면 안 된다는 생각이 워낙 강하다 보니, 필요 이상으로 숫자를 하향 조정합니다. 관점의 전환이 필요합니다. 거짓말을 하라는 것은 결코 아닙니다. VC 스타트업 시장은 신뢰가 핵심입니다. 믿음이 무너지면 다음은 없습니다. 높은 도덕적인 스탠더드가 매우 중요합니다. 다만, 가능한 범위 안에서 최대한 공격적으로 회사의 미래를 그려볼 필요는 있습니다.

벤처캐피탈은 '모험venture+자본capital'입니다. 높은 위험을 감내하는 대신 그만큼 높은 수익률을 기대하는 투자임을 이미 여러 번 강조해서 설명했습니다. 일반적으로 VC들에게 2, 3배의 수익률은 목표점이 되지 않습니다. 초기 단계일수록 기대하는 수익률은 훨씬 더 높습니다. 이 말인즉, 소개자료인 IR Deck에서도 회사에 충분한 업사이드가 있음을 보여줄 수 있어야 합니다.

어차피 스타트업이 공격적으로 전망치를 제시해도 VC들은 본인들의 관점과 생각에 맞춰 숫자를 '톤다운tone-down'하는 작업을 진행합니다. 창업자들이 미리 그 작업을 해줄 필요는 없다는 뜻입니다. 오히려 실현 가능한 범위 안에서 창업자들이 생각하는 최상의 시나리오를 구체적으로 그려주는 것이 더 좋습니다. 매출뿐만 아니라 이익 단까지 숫자를 제시해도 괜찮습니다. 사업에 대해 제일 잘 아는 것은 VC가 아니라 창업자입니다. 매출을 극대화할 수 있는 방법과 비용을 최소화할 수 있는 전략이 함께 반영되면 회사에 대한 믿음이 오히려 더 커질 수 있습니다.

단, 앞서 설명했듯이 거짓말을 해서는 절대 안 됩니다. 없는 것을 있다고 해서는 안 됩니다. 못 하는 것을 할 수 있는 것처럼 말해서도 안 됩니다. 상장시장에 비해 규모가 작고 폐쇄적인 비상장시장에서 '신용'은 무엇과도 바꿀 수 없는 중요한 가치입니다. 다만, 그 틀 안에서는 최대한 야망을 보여주어야 합니다. 모험자본에 어울리는 창업자임을 투자자들에게 알려줘야 합니다.

"소년이여 야망을 가져라Boys, be ambitious!" 미국 매사추세츠대학의 총장이었던 윌리엄 클라크의 말로, 영어 수업 시간에 자주 등장하는 명언입니다. 우리는 어렸을 때부터 이미 충분히 멘털 교육을 받았습니다. 자신감 있는 IR Deck으로 투자자들과 커뮤니케이션해야 합니다.

# 일론 머스크, 꿈의 크기가 곧 성공의 크기다

2020년대에 들어 가장 화두가 되는 회사 중 하나는 역시 테슬라입니다. 많은 사람이 알고 있듯, 테슬라의 CEO인 일론 머스크는 영화 〈아이언맨〉의 주인공인 토니 스타크의 실제 모델입니다. 일론 머스크에 대한 시장의 평가는 엇갈리는데, '천재 사업가'라는 별명과 '희대의 사기꾼'이라는 별명을 모두 가지고 있습니다.

그럼에도 불구하고 명확한 팩트는 일론 머스크가 시대를 대표하는 연쇄 창업자라는 것입니다.

그는 12살 때 '블래스터'라는 컴퓨터 게임을 만들어 한 잡지에 게임 소스 코드를 500달러에 판매했습니다. 23살에는 지역정보 회사인 '집투코퍼레이션'을 창업하고 지분을 약 269억 원에 매각해 백만장자 반열에 올랐습니다. 이후 창업한 '페이팔'은 이베이에 인수되며 일론 머스크는 약 2,000억 원의 수익을 얻었습니다.

이 돈은 머스크가 다른 회사들을 창업하는 기반이 됐는데, 첫 번째로 2002년 6월 민간 우주 항공 기업인 스페이스X를 설립했습니다. 이와 동시에 '테슬라'의 CEO로서 전기차 시장을 개척했고, 태양 에너지 회사인 '솔라시티'에 투자했습니다. 이 외에도 '뉴럴링크'라는 스타트업을 통해 인간의 뇌와 컴퓨터를 연결하는 프로젝트를 진행 중이며, 100% 태양광 에너지로 운행되는 시속 1,280km의 고속열차 '하이퍼루프'를 개발하고 있습니다.

참 많은 걸 하고 있다는 생각이 들지만, 그의 사업에는 한 가지 공통분모가 있습니다. 바로 '지속 가능한 미래'라는 키워드입니다. 머스크의 첫 공식 전기인 《일론 머스크Elon Musk: Tesla, SpaceX, and the Quest for a Fantastic Future》에는 그가 유년 시절 지독한 괴롭힘을 받았다고 기술되어 있습니다. 이런 과정 속에서 머스크는 삶에 대해 많은 고민을 했다고 합니다. 아픈 경험으로 인해 일찍 철이 든 유형인데, 상처가 깊었던 만큼 '인간의 삶'에 대해서 더 치열하게 고민했고, 그 고민이 결국 '인류의 지속 가능한 미래를 위해 어떤 일을 할 수 있을까'로까지 진화한 것입니다.

이런 그의 철학을 잘 반영한 사업 중 하나가 바로 스페이스X입니다. 머스크는 인류가 지구 종말을 피하기 위해서는 여러 행성을 이동하면서 살 수 있는 다행성종multi-planetary이 되어야 한다고 주장했습니다. 그러면서 첫 번째 마일스톤으로 '인류의 화성 이주'라는 목표를 세웠고, 스페이스X라는 기업을 통해 우주 사업을 공격적으로 추진하고 있습니다. 로켓 발사체를 재사용해 기존 위성 발사보다 낮은 가격에 상업용 위성을 궤도에 올렸으며, 최근에는 최초의 민간 유인 우주왕복선 발사에 성공했습니다. 2050년까지는 100만 명 규모의 화성 식민지 건설을 제시하고 있는데, 개인이 화성으로 가기 위해서는 약 6억 원(50만 달러)이 들 것이라고 구체적인 비용까지 추정했습니다.

머스크가 진행하는 스페이스X 사업에 대해 의문을 품는 사람들은 많습니다. 사업 초기에는 더욱더 그러했습니다. 전문가들조차 현실성 없는 공상과학소설이라며 맹비난했습니다. 하지만 머스크는 이 같은 시장의 반응을 물음표에서 느낌표로 전환하고 있습니다.

머스크의 성공 비결은 무엇일까요? 필자의 답은 '끈기'입니다. 아무리 뛰어난 아이디어와 그걸 실행할 수 있는 지적 능력이 있어도 중간에 포기하면 말짱 도루묵입니다. 인간의 욕심은 끝이 없기 때문에 물질적 보상으로는 한계가 있습니다. 끈기는 결국 '대의(大義)'에서 나옵니다. 머스크는 한 인터뷰에서 이런 얘기를 했습니다.

> *"돈이 저에게 중요한 적은 없었습니다. 제 관심사는 인류의 미래를 위한 문제를 푸는 것이었어요."*

시대를 대표하는 창업의 아이콘인 일론 머스크의 대의는 지속 가능한 인류의 미래입니다. 그는 누군가의 구세주가 되고 싶은 것은 아니며, 그저 인류의 미래를 생각했을 때 슬퍼하고 싶지 않아 노력 중인 것이라고 주장합니다.

창업자의 삶은 겉으로는 화려해 보일 수 있지만 고난과 역경의 연속입니다. 필자가 멘토로 삼은 창업자들은 '목숨 걸고' 사업을 한다는 표현까지 사용합니다. 단호한 결의 없이는 버티기 어려운 업계입니다. 이 단호한 결의는 창업자의 비전과 그 비전에 공감하는 팀원들의 믿음을 기반으로 합니다. 일론 머스크가 걸어온 발자취는 리더가 품은 '대의'가 얼마나 중요한지를 잘 보여줍니다.
세상을 바꾸는 창업자 일론 머스크, 그의 원동력은 원대한 비전입니다.

# 04

# 투자유치의 적정 시기와 금액

창업자들은 '투자는 언제든지 환영'이라는 마음이 큽니다. 일정 부분 일리가 있는 생각입니다. 회사에 현금이 충분히 있으면 선택할 수 있는 옵션들이 많아집니다. J커브형 성장을 추구해야 하는 스타트업들에게 투자금 유치는 사업의 일부라고 봐도 과언이 아닙니다. 필자도 동의합니다. 다만, 시점에 대한 고민은 분명 필요합니다. 성장의 곡선이 무너지지 않는 선에서 최대한 타이밍을 늦추는 것도 나쁘지 않다고 생각합니다.

투자를 받는 건 공짜가 아닙니다. 대출처럼 당장 내야 하는 이자가 있는 건 아니지만, 기관들로부터 투자를 유치한다는 것은 그에 상응하는 책임이 동반된다는 것입니다. VC 투자의 경우 이자 대신 회사의 지분을 주는 것이고, 지분을 준다는 건 회사의 '오너십ownership'

을 타인과 함께 나눈다는 뜻입니다. 주인이 여러 명 생기면 의사결정 과정도 그에 맞춰 조정되어야 합니다. 주요 경영 사항에 대해 주주들과 긴밀하게 커뮤니케이션하고 공감대를 형성하는 작업이 중요합니다. 이 과정 속에서 스타트업들은 VC를 통해 얻는 것도 많지만 감내해야 하는 것도 많습니다. 핵심 사안에 대해 공감대가 형성이 안 되면 의사결정의 속도가 느려지고 불편한 상황이 생길 수도 있습니다. 주주들이 많아지면 많아질수록 '커뮤니케이션 비용communication cost'은 자연스럽게 올라갑니다.

지분 희석에 대한 이슈도 존재합니다. 기업가치가 낮을 때 큰 금액을 투자받게 되면 경영권을 방어할 수 있는 지분 50%의 선을 쉽게 놓쳐 버릴 수 있습니다. 예를 들어 극초기 단계에서 10억 원에 1억 원을 투자받으면 이미 벌써 10%를 기관투자자가 가져가게 됩니다. 20억 원에 2억 원 투자를 추가로 받으면 10%가 또 추가로 희석됩니다. 이런 의사결정들이 사업 초반에 반복적으로 이루어지면 창업자는 본인의 의지대로 회사를 경영하기 무척 어려워집니다.

물론, VC가 사업을 방해하는 존재라는 뜻은 결코 아닙니다. 기관들은 풍부한 경험과 다양한 네트워크를 바탕으로 여러 가지 '밸류애드value-add'를 해줄 수 있는데, 스타트업 입장에서는 쉽게 얻을 수 없는 소중한 자산입니다. 단, 창업자와 창업팀이 가능한 범위 안에서 투자 없이 최대한 성장 곡선을 만들어보고, 어느 정도 만들어진 결과물을 바탕으로 더 나은 조건에서 투자유치를 진행하는 것이 바람직해 보인다는 의미였습니다. 예컨대 10억 원 가치에 1억 원이면 10%지만, 기업가치를 20억 원에 인정받고 1억 원 투자를 받는다면 5%만 희석됩니다. 상당히 유의미한 차이가 있습니다.

최근에는 창업 비용이 많이 낮아졌습니다. 클라우드 환경이 일반화되면서 초기 서버 비용은 거의 없는 수준이고, 사무실도 소액의 보증금으로 들어갈 수 있는 공유오피스가 많이 생겼습니다. 정부에서도 창업을 적극 권장하면서 다양한 형태의 정부 지원금을 제공하고 있습니다. 이런 인프라를 효율적으로 활용한다면 초기 사업 비용을 큰 폭으로 줄일 수 있습니다. 초기 투자금과 유사한 수준의 경제적 가치입니다. 투자유치를 너무 서두르지 않아도 된다는 뜻입니다.

중·후기 단계의 스타트업도 마찬가지입니다. 투자를 '빨리' '많이' 받는 게 능사는 아닙니다. 대규모 투자유치는 회사의 브랜드 신뢰도를 크게 올려줍니다. 창업자 입장에서는 투자유치 과정에서 구주 일부를 팔았다면 큰 재무적 이익도 얻을 수 있습니다. 속된 말로 잘나가는 스타트업 반열에 오르는 것입니다. 앞서 언급했듯 스타트업에게 투자유치는 사업의 일부라고 보는 것이 적절합니다. 그런 맥락에서 큰 규모의 투자를 유치한 창업자와 회사는 칭찬받을 자격이 충분합니다. VC가 아무한테나 투자하는 것은 아니기 때문입니다.

다만, 필요 이상으로 높은 기업가치에 필요 이상으로 큰 금액을 투자받게 되면 오히려 회사에 '독'이 될 수도 있습니다. 실제로 이런 문제점들이 포스트 코로나 시기에 다수 드러났습니다. 2020년대 초반 VC 시장에는 역사상 최고 수준의 유동성이 공급되면서 스타트업들의 기업가치가 천정부지로 치솟았습니다. 이때 상당수의 스타트업이 놀랄 만한 기업가치를 인정받고 대규모 투자금을 유치했습니다.

문제는 그다음이었습니다. 공격적인 성장을 추구하다 보니 큰 폭의 영업손실을 기록하며 현금이 빠르게 소진되었습니다. 다시 한번 추가 투자유치가 필요했지만, 시장의 상황은 녹록지 않았습니다. 과열이 꺾이면서 기관들은 보수적으로 밸류에이션을 진행했습니다. 스타트업 입장에서는 진퇴양난이었습니다. 예를 들면 약 2,000억 원의 가치를 인정받은 회사가 다운사이즈를 해서 약 1,000억 원에 펀딩을 해도 투자유치가 어려웠습니다. 기존 주주들과 갈등이 생길 수밖에 없었습니다. 이해해주는 기관들도 있지만 강력하게 반발하는 기관들도 적지 않았습니다. 지나치게 높은 기업가치가 오히려 독이 된 것입니다.

과한 투자유치의 어두운 단면 중 하나는 '도덕적 해이Moral Hazard' 입니다. 모든 창업자가 다 그런 건 아니지만, 갑자기 통장에 수백억, 수천억 원이 현금으로 찍히면 세상을 바라보는 관점이 달라질 수 있습니다. 필요한 금액 이상으로 투자금을 확보하면 '조금 더 편하게 돈을 써도 괜찮겠지'라는 생각이 들 수 있습니다. 이때 냉철한 자기 절제를 통해 엄격한 통제가 이루어지면 베스트지만, 이성적으로 판단하지 못하고 회사 돈을 개인 돈처럼 사용하려고 하는 창업자도 적지 않게 볼 수 있습니다. 사업에 필요한 만큼만 투자받으면 이런 상황이 발생할 확률이 줄어듭니다. 공자의 '과유불급'은 투자유치에도 적용되어야 하는 고전적 메시지입니다.

베스트셀러 작가이자 도시락 기업 '스노우폭스'를 약 8,000억 원에 매각한 김승호 회장은 이런 말을 했습니다.

"10년 안에 300만 달러를 벌어서 빨리 부자가 되어 한국으로 돌아오고 싶었다. 그런데 빨리 부자가 되려면 그 마음이 모든 일을 그르치게 만들고 조급한 결정을 하게 만든다는 것을 알았다. 40세 이후에 다시 사업을 하면서는 절대 조급해하지 않고 벽돌집 짓는 마음으로 했다. 부자는 돈을 많이 버는 것이 아니라 지속적 수입과 자산관리에서 온다는 것을 뒤늦게 깨달았다. 내면의 조급함을 버리고 끈기를 내는 일의 가치를 이해함으로써 나 자신을 이해할 수 있었다."

여러 번 강조했듯이 스타트업에게 빠른 성장은 중요한 가치 중 하나입니다. 다만, 속도에 매몰되어 조급한 결정이 반복되면 김승호 회장의 말처럼 모든 일을 그르칠 수 있습니다. 투자유치도 마찬가지라고 생각합니다. VC라는 훌륭한 동반자를 얻고 싶은 마음은 백 번 이해하고 공감하지만, 너무 서두르지는 말아야 합니다.

조금 돌아가는 것이 결국에는 지름길이 될 수도 있습니다.

## TiP 우버의 창업자 캘러닉과 경영자 코스로샤히

미국에서 2010년 전후로 탄생한 최고의 스타트업을 논할 때 많은 전문가가 후보 중 하나로 우버를 꼽습니다.

우버는 2009년 미국 샌프란시스코에서 시작한 스타트업입니다. 우버의 주력 서비스는 크게 세 가지로 구분됩니다. 첫 번째 사업 모델은 차량 호출 서비스로, 일반인의 개인 차량 혹은 운송사업자의 차량을 고객들에게 연결해주는 플랫폼 사업입니다. 두 번째는 음식 배달 서비스로, 한국의 '배달의민족'과 유사한 앱이라고 볼 수 있습니다. 세 번째는 우버헬스, 우버프라이트와 같은 신규 사업들입니다. '우버프라이트Uber Freight'는 선적 업체와 운송업체를 매칭해주는 서비스를 제공하고, '우버헬스Uber Health'는 병원 예약이 있는 환자들에게 운송 서비스를 영위합니다. 이 외에도 우버는 여러 종류의 B2B 솔루션 사업을 진행하고 있는데, 새로운 신규 사업들은 결국 우버가 차량 호출을 통해 구축한 슈퍼모빌리티 플랫폼에 기반합니다.

우버는 '아주 우수한(영어로 super)'이라는 독일어 단어입니다. 회사는 약 90조 원의 기업가치로 2019년에 뉴욕증권거래소에 상장되었습니다. 상장 전까지 약 30조 원 규모의 투자금을 유치했고, 서비스 개시 5년 만에 100개 이상의 도시에 서비스를 제공하며 전 세계 대부분의 나라에서 사업을 영위하고 있습니다.

우버를 창업한 사람은 트래비스 캘러닉Travis Kalanick입니다. 1976년생으로 미국 캘리포니아주 LA에서 태어난 그는 한국에서 '우클라'로 알려진 UCLAUniversity of California, Los Angeles에서 컴퓨터공학을 전공했지만, 테크 스타트업에서 풀타임으로 근무하기 위해 중퇴한 것으로 알려졌습니다. 이후 그는 P2P 파일 공유 회사인 레드스우시Red Swoosh를 창업했고, 약 1,900만 달러(한화 약 200억 원)에 매각하며 젊은 나이에 큰돈을 벌게 되었습니다. 엑시트 후에는 실리콘밸리에서 약 2년간 벤처투자자로 활동하며 인맥을 넓혔습니다. 하지만 결국 다시 창업의 세계로 돌아왔고, 과거 사업을 통해 확보한 자본을 활용하여 2009년에 우버를 창업했고, 2010년 6월에 샌프란시스코에서 우버 서비스를 공식적으로 론칭했습니다.

그의 창업 동기는 명확했습니다. "택시를 잡는 데 시간이 너무 오래 걸리고 짜증 나서"가 그 이유였습니다. 캘러닉은 2008년 파리 정보기술 컨퍼런스에 참석했을 당시, 택시를 잡기 위해 30분을 기다리는 끔찍한 경험을 하며 생각했습니다. '미국 샌프란시스코에서도 택시를 사용하려는 승객들이 비슷한 어려움을 겪지 않을까? 길거리에서 허비하는 시간을 기술을 통해 줄여줄 수 있다면 사람들의 생활이 더 효율적으로 변할 수 있지 않을까?' 이런 믿음은 확신이 되어 창업이라는 결정으로 이어졌고, 결국 친구인 가렛 캠프Garret Camp와 지금의 우버를 시작하게 되었습니다.

하지만 안타깝게도 그와 우버의 동행은 완벽한 해피엔딩은 아니었습니다.

그는 성추문 은폐, 배임 소송, 막말 논란 등에 휘말리며 2017년 회사 CEO 자리에서 사임했습니다. 캘러닉은 우버 상장일에 진행되는 축하 행사인 '오프닝 벨' 이벤트에도 참석하지 못했습니다. 결국 그는 회사의 이사회에서도 하차했고, 보유하고 있던 우버 주식 대부분을 매각했습니다. 그의 지분가치는 약 30억 달러(한화 약 3조 원) 수준이었습니다. 아마도 캘러닉이 그리던 이상적인 그림은 아니었겠지만, 그는 우버를 정리하는 과정을 통해 막대한 부를 얻게 되었습니다.

캘러닉의 후임 CEO로는 세계적인 여행 예약 사이트인 '익스피디아Expedia' 대표였던 다라 코스로샤히Dara Khosrowshahi가 낙점되었습니다. 1969년생인 코스로샤히는 아이비리그 대학 중 하나인 브라운대학에서 전기공학을 공부한 후 투자은행을 거쳐 IT 업계에 정착했습니다. 그가 익스피디아 대표로 재임하는 기간 동안 회사의 총예약 금액은 약 5배가량 상승했고, 이 같은 실적을 인정받아 약 1,000억 원 수준의 연봉 패키지를 받았습니다.

현재 우버의 CEO인 코스로샤히는 창업자인 캘러닉과는 대조적인 행보를 보이고 있습니다. 한때 회사의 미래 성장동력으로 꼽았던 자율주행차와 에어택시 사업을 과감하게 매각했고, 수익성 높은 핵심 사업에 집중하는 모습입니다. 여러 잡음이 있었지만 코스로샤히는 결국 숫자로 증명했습니다. 회사는 2023년 2분기 영업 흑자 3억 9,400만 달러(한화 약 5,100억 원)를 기록하면서 2009년 창업 이후 첫 분기 흑자를 달성했습니다. 주가도 가파른 상승세를 보이고 있는데, 2024년 1월 기준으로 전년 동기 대비 110% 넘게 상승했습니다.

다시 캘러닉의 스토리로 돌아와서 그는 명예롭지 못한 방식으로 우버와 작별했고, 캘러닉에 대한 시장의 평가는 냉탕과 온탕을 오갔습니다. 필자 역시 그를 대단한 기업가인 것처럼 찬양하고 싶은 생각은 없습니다. 다만 그는 작은 정보를 갖고 큰 인사이트를 얻어서 과감하게 결정할 줄 아는 창업자였습니다. 캘러닉은 다음과 같이 말했습니다.

> "두려움은 병이다. 이 병의 해독제는 바로 강력한 행동이다 Fear is the disease. Hustle is the antidote."

적어도 캘러닉은 행동할 줄 아는 창업자였습니다. 그리고 그의 과감한 도전은 전 세계 모빌리티 시장의 판도를 바꿔 버린 우버라는 공룡을 탄생시켰습니다.

# 05

# 스타트업을 위한 HR

국내 스타트업 생태계는 빠르게 확장되고 있습니다. 이에 맞춰 스타트업 종사자 수도 꾸준히 우상향하고 있습니다. 2022년 상반기 기준으로 이미 80만 명 가까운 인력이 벤처, 스타트업 생태계에서 근무하고 있음을 중기부 통계 자료를 통해 확인할 수 있습니다. 인력 공급이 증가한다는 것은 분명 긍정적인 시그널입니다. 하지만 채용 인력이 늘어나면 경영자들에게는 그만큼 고민 포인트도 생길 수밖에 없습니다. 필자도 스타트업을 운영할 당시 조금 과장해서 표현하면 거의 매일 HR 이슈가 있는 느낌이었고, 못해도 일주일에 한 번은 HR 관련 문제로 고민했습니다.

그림 17. 벤처/스타트업 종사자 추이

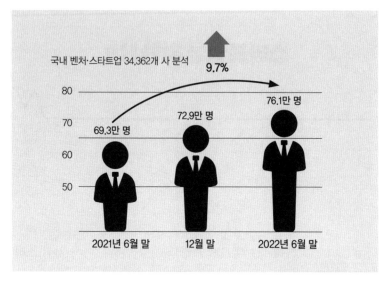

자료: 중소벤처기업부

필자가 대표를 맡았던 딥테크 스타트업의 경우 자회사까지 모두 합쳐서 100명 가까운 인력이 근무했습니다. 그렇다 보니 자연스럽게 여러 형태의 HR 이슈를 경험할 수 있었습니다. VC 심사역으로 근무할 때는 수십 개의 포트폴리오 회사를 관리하면서 다양한 HR 문제를 직간접적으로 볼 수 있었습니다. 이런 과정들 속에서 느낀 건 식상할 멘트일 수 있지만, 역시 '인사가 만사'라는 것입니다.

이번 섹션에서는 HR과 관련된 중요한 포인트 몇 가지를 정리해 보고자 합니다. 워낙 주관적인 영역이고 회사마다 마주한 상황이 다르겠지만, 최대한 공통적으로 적용될 수 있는 부분들 위주로 얘기해 보겠습니다. 성공한 창업자들의 의견을 많이 반영했으니 잘 참고하기 바랍니다.

첫째, 모든 구성원이 리더일 필요는 없습니다. 10년간 스타트업 생태계를 보면서 느낀 건 좋은 조직에는 좋은 '팔로워follower'가 반드시 있다는 것입니다. 사람은 각자가 가진 기질이 있기 때문에 모든 기질이 '리더형'일 수는 없습니다. 리더형도 있고, 리더를 잘 따르는 타입도 있습니다. 건강한 조직은 이런 리더형 인력이 약 20%를 차지하고, 팔로워형 인력이 나머지 80% 정도를 구성합니다. HR에도 파레토의 법칙을 적용할 수 있는 것입니다.

배달의민족에서 공개한 '일 더 잘하는 11가지 방법'을 살펴보겠습니다. 이런저런 내용들이 있는데, 그중에 마지막을 보면 '이끌거나, 따르거나, 떠나거나'라는 문구가 있습니다. 앞의 내용과 일맥상통합니다. 높은 성과를 보이는 조직에서도 모든 사람에게 리더가 되기를 요구하지 않습니다. 리더와 팔로워의 밸런스를 찾는 게 중요하다는 뜻이고, 둘 다 하지 못하겠으면 '중이 절을 떠나라'는 메시지를 던진 것입니다.

---

**배달의민족 '일 더 잘하는 11가지 방법'**

1. 12시 1분은 12시가 아니다.

2. 실행은 수직적! 문화는 수평적~

3. 잡담을 많이 나누는 것이 경쟁력이다.

4. 쓰레기는 먼저 본 사람이 줍는다.

5. 휴가나 퇴근 시 눈치 주는 농담을 하지 않는다.

6. 보고는 팩트에 기반한다.

7. 일의 목적, 기간, 결과, 공유자를 고민하며 일한다.

8. 책임은 실행한 사람이 아닌 결정한 사람이 진다.

9. 가족에게 부끄러운 일은 하지 않는다.

10. 모든 일의 궁긍적인 목적은 '고객 창출'과 '고객 만족'이다.

11. 이끌거나, 따르거나, 떠나거나!

---

(출처: 우아한형제들)

둘째, 고성과자를 뽑아야 합니다. 다수의 저성과자보다 소수의 고성과자로 팀을 구성해야 합니다. 스타트업이라는 조직은 기본적으로 시스템이 부족한 경우가 많습니다. 업무의 영역도 명확하지 않습니다. 야생에서 생존법을 찾듯이 상황을 빠르게 스캔하고 문제에 대한 답을 효율적으로 찾는 것이 무척 중요합니다. 쉽지 않은 일입니다. 저성과자로 구분된 실무자들이 갖고 있기 어려운 스킬 세트입니다. 흔히 말해서 '일을 잘 못 하는' 실무자들에게는 업무 범위를 확실하게 좁혀서 명확하게 디렉션을 주는 게 중요할 수밖에 없습니다. 아쉽게도 스타트업에서는 이런 여유를 찾기 어렵습니다. 스타트업은 정글과 유사한 생태계이므로 생존 가능성을 높여줄 동료(실무자)가 필요합니다.

셋째, 채용 시 '핏fit'을 중점적으로 봐야 합니다. 역량은 뛰어난데 핏이 안 맞는다고 생각되면 당장 아쉽더라도 안 뽑는 게 답입니다. 스타트업은 작은 조직입니다. 구성원 한 명 한 명이 가지고 있는 임팩트가 너무나 크기 때문에 물고기 한 마리가 맑은 물을 흐릴 수 있습니다. 대기업은 시스템 속에서 문제를 해결할 수 있지만, 스타트업은 상황이 다릅니다. 게다가 한국은 노동시장의 유연성이 떨어지는 편입니다. 잘못 뽑으면 내보내기도 어렵습니다. 인터뷰 과정에서 인성과 성향을 잘 봐야 합니다. 무조건 착한 사람을 뽑으라는 뜻은 아닙니다. 개인의 캐릭터와 조직의 캐릭터가 잘 얼라인align되는지 확인해야 합니다.

넷째, 채용도 비용입니다. 신규 직원을 온보딩onboarding하는 과정 중에는 헤드헌터 수수료, 비품 구매비, 교육비 등 여러 형태의 지출이 발생합니다. 트레이닝을 위해 별도의 시간도 할애해야 하므로 추가적인 기회비용도 존재합니다. 스타트업에서는 채용 후 1년도 안 된 시점에 이직하는 사례가 많습니다. 성과 없이 떠나는 실무자가 반복적으로 발생하면 회사 입장에서는 손실입니다. 근속연수도 신경을 써야 한다는 뜻입니다. 짧은 경력들만 여러 개 있는 지원자는 더 면밀한 검토가 필요합니다. 직장 경력이 아니더라도 취미나 자기계발 등을 오랜 기간 꾸준히 해온 사례들이 있는지 체크해보는 것도 도움이 됩니다.

다섯째, 취업 규칙은 반드시 점검해야 합니다. 근로기준법상 10인 이상의 사업장이면 취업규칙이 있어야 합니다. 취업규칙에는 업무의 시작과 종료 시각, 휴식 시간, 임금의 지급 방법, 퇴직에 관한 사항, 안전과 보건에 관한 사항, 징계에 관한 사항 등이 포함됩니다.

회사에 HR 관련 이슈가 있을 때 기준점을 제시해주는 문서가 바로 취업규칙입니다. 취업규칙을 변경하기 위해서는 근로자의 동의가 있어야 합니다. 적법한 절차로 동의를 받지 않으면 변경사항은 무효가 됩니다. 노동자의 권리를 보호해주는 중요한 도구입니다. 창업자

- 소수의 고성과자 〉 다수의 저성과자

- 리더도 필요하지만 팔로워도 필요하다.

- 핏fit에 대한 의문점이 들 때, 애매할 때는 당장이 아쉽더라도 안 뽑는 게 답이다.

- 채용은 비용이다. 특정 수준 이상의 근속연수는 중요하다.

- 반드시 취업규칙은 점검해야 한다.

의 관점에서는 회사 규모가 너무 커지기 전에 시스템을 정비하는 것이 좋습니다. 50명, 100명을 넘어가는 시점에 취업규칙을 대대적으로 정비하는 것은 스타트업 입장에서 쉬운 일이 아닙니다. 잘 정리된 취업규칙은 명확한 가이드라인을 제공하지만, 충분히 고민하지 않은 취업규칙은 인사 문제 발생 시 회사의 발목을 잡을 수 있습니다.

토스의 이승건 대표는 회사가 특정 수준 이상의 궤도에 진입하면 대표자의 가장 큰 역할은 결국 HR이라는 메시지를 던진 바 있습니다. 언론사 인터뷰에서는 회사의 핵심 성장동력으로 '혁신 조직'을 꼽았습니다. 수백 개의 스타트업에 투자한 카카오벤처스의 정신아 대표도 '결국은 사람'이라고 말했습니다. 그만큼 인사와 조직이 중요하다는 뜻입니다.

HR은 참 어렵습니다. 스타트업 대표들과 사석에서 만나면 늘 사람에 대한 고민을 합니다. 고민의 주체가 사람이다 보니 정성적인 요소가 많고, 객관적이기보다는 주관적입니다. 창업자에게는 피할 수 없는 산입니다. 스타트업이라는 긴 여정 속에서 반복적으로 마주하고, 마주할 때마다 넘어야 하는 관문입니다. 피하기는 어려우니 즐겨야 합니다. '원팀one team'을 만드는 과정 속에서 희열을 찾았다면 당신은 이미 훌륭한 창업자의 자질을 갖춘 것입니다.

# 06

# 스타트업 재무제표

이번에는 재무제표에 대해서 살펴보겠습니다. 워낙 방대한 주제여서 모든 내용을 다룰 수는 없기 때문에 핵심적인 항목들 위주로 스타트업 재무제표에 대해 얘기해보겠습니다. 이론보다는 실전이 더 이해하기 쉬울 것 같아 대규모 투자를 유치한 딥테크 스타트업의 재무제표를 정리해봤습니다.

예시로 가져온 스타트업은 실제 사례를 기반으로 합니다. 간단하게 회사의 개요를 설명하면 AI를 기반으로 교육용 솔루션을 만드는 스타트업입니다. 시리즈D까지 진행했는데 누적 투자 금액은 약 3,000억 원 수준입니다. 회사의 정보는 전자공시시스템DART에 공개되어 있어서 독자들도 언제든 확인이 가능합니다. 회사의 2021년과 2022년 숫자를 기준으로 주요 항목들을 살펴보겠습니다.

재무제표는 일단 크게 세 가지로 구성되어 있습니다. 자산/부채/자본에 대한 정보를 제공하는 대차대조표(재무상태표)가 있고, 일정 기간 내 발생한 모든 수익과 비용을 정리한 손익계산서가 있습니다. 마지막으로는 한 회계연도 동안의 현금이 연초에 비해 연말에 어떻게 변했는지를 보여주는 현금흐름표가 있습니다. 이 중에서 대차대조표와 손익계산서상의 숫자들을 집중적으로 얘기해보겠습니다.

**그림 18. 스타트업 재무제표 주요 항목**

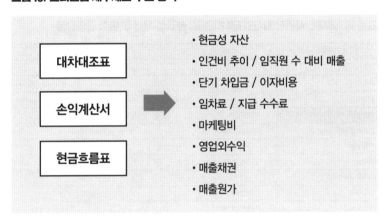

[그림 18]에서 정리한 8가지 항목이 VC가 투자를 검토할 때 여러 번 체크하는 숫자라고 보면 됩니다.

일단 첫 번째로는 (당연히) 회사의 잔여 현금이 얼마나 있는지를 확인합니다. 대부분의 스타트업은 적자 경영을 하고 있기 때문에, 현금이 다 떨어지면 바로 존폐의 이슈가 생깁니다. 회사가 보유한 현금은 곧 회사의 생존 가능성으로 연결됩니다. 이때 업계에서 많이 쓰는 표현이 '런웨이Runway'입니다. 런웨이의 사전적 의미는 활주로라는 뜻인데, 회사가 보유한 자금으로 얼마나 생존할 수 있는지(달릴 수 있는지)를 나타냅니다. 예를 들어 보유 현금이 1억 원인데 월 소진율이 1,000만 원이면 런웨이는 10개월(=100,000,000/10,000,000)입니다. 해당 내용을 확인할 수 있는 곳이 대차대조표입니다.

**그림 19. 예시로 사용한 회사의 대차대조표: 현금성 자산 및 단기 금융상품**

| 과목 | 제 9(당) 기 | | 제 8(전) 기 | |
|---|---|---|---|---|
| 자산 | | | | |
| 유동자산 | | 117,050,954,797 | | 160,693,768,450 |
| 당좌자산 | | 117,050,954,797 | | 160,693,768,450 |
| 현금및현금성자산(주석3,12) | 48,425,179,115 | | 119,694,056,975 | |
| 단기금융상품(주석3,12) | 66,446,227,091 | | 40,000,000,000 | |
| 매출채권 | 274,759,910 | | 420,001,115 | |
| 미수금 | 35,966 | | 556,535 | |
| 대손충당금 | – | | (556,535) | |
| 미수수익 | 270,380,415 | | 238,591,781 | |
| 대손충당금 | (116,647,182) | | – | |
| 선급금 | 469,356,668 | | 46,363,866 | |
| 선급비용 | 687,354,957 | | 176,700,000 | |
| 부가세대급금 | 179,194,483 | | 71,032,971 | |
| 당기법인세자산 | 415,113,374 | | 47,021,742 | |

(출처: DART)

[그림 19]의 대차대조표를 보면 '현금 및 현금성 자산'이라는 항목이 있습니다. 스타트업이 VC와 같은 기관들로부터 투자를 유치하

면, 해당 자금은 현금성 자산으로 구분하여 보관합니다. 쉽게 얘기하면 회사 통장에 있는 돈이고, 이 돈은 회사의 운영 자금으로 활용됩니다. 자금의 일부는 단기 금융상품으로 옮겨 놓는데, 단기 금융상품은 보통 이자를 받을 수 있는 예금 등의 금융상품입니다. 당장 필요한 돈이 아니기 때문에 은행 이자를 받으면서 영업외수익을 확보합니다. 스타트업은 공격적으로 펀딩을 받으며 사업을 진행하기 때문에 일반 중소기업보다 현금성 자산과 단기 금융상품의 비중이 높습니다.

예시로 든 스타트업의 경우 2021년도에는 현금성 자산이 약 1,600억 원 정도였습니다. 하지만 해당 숫자가 2022년에는 1,200억 원 수준으로 급감했습니다. 대략적으로 계산해봤을 때 연간 400억 원 수준의 현금이 소진되고 있음을 알 수 있습니다. 이 말인즉, 회사는 손실이 크게 나고 있고, 그 손실에 대한 비용을 투자금에서 충당을 하는데, 그 폭이 매우 크다는 걸 알 수 있습니다. 사업의 변화가 없고 이런 식으로 현금을 계속 소진하면 회사는 앞으로 2~3년 안에 추가 투자가 반드시 필요합니다. 다시 말해 런웨이가 2~3년 정도 된다는 뜻이기도 합니다.

### 그림 20. 예시로 사용한 회사의 손익계산서: 영업이익 및 영업비용

| 과목 | 제 9(당) 기 | | 제 8(전) 기 | |
|---|---|---|---|---|
| 영업수익 | | 5,045,506,879 | | 5,290,605,595 |
| 서비스매출 | 4,601,767,211 | | 5,290,605,595 | |
| 기타매출 | 443,739,668 | | − | |
| 영업비용 | | 47,133,802,935 | | 30,226,782,317 |
| 급여 | 15,321,106,328 | | 11,345,839,056 | |
| 퇴직급여 | 1,547,778,483 | | 1,295,398,188 | |
| 복리후생비 | 1,312,552,039 | | 967,562,894 | |
| 여비교통비 | 477,161,906 | | 368,019,007 | |
| 접대비 | 158,569,989 | | 170,352,945 | |
| 통신비 | 30,865,309 | | 8,050,235 | |
| 세금과공과금 | 563,240,496 | | 388,407,820 | |
| 감가상각비 | 1,199,034,392 | | 945,685,607 | |
| 지급임차료 | 1,768,697,640 | | 1,807,821,670 | |
| 보험료 | 325,055,940 | | 174,518,836 | |
| 차량유지비 | 1,674,800 | | 3,721,948 | |
| 운반비 | 17,542,878 | | 32,484,040 | |
| 교육훈련비 | 46,178,937 | | 28,608,383 | |

(출처: DART)

다음으로 봐야 하는 항목은 인건비입니다(그림 20). 요즘은 AI, 헬스케어, 블록체인 등 딥테크 스타트업들이 시장에서 많은 주목을 받고 있습니다. 일반적으로 이런 기술 기반 스타트업에서는 인건비가 차지하는 비중이 제일 큽니다. 제조업은 CAPEX(설비) 투자를 통해 사업의 기반을 만들지만, 소프트웨어 회사는 사람을 뽑아서 서비스를 만들고 이를 통해 매출을 일으킵니다. 그러다 보니 사람에 대한 의존도가 높고, 좋은 인력을 확보하기 위해 지속적으로 노력합니다. 구조적으로 인건비 비중이 높을 수밖에 없습니다. 다만, 지출이 지나치게 많으면 문제가 되므로, 회사의 상황에 맞춰 합리적인 수준을 유지해야 합니다. 이런 내용을 확인하기 위해서는 매출 추이와 인건비 추이를 함께 보면 됩니다.

예시로 설명한 스타트업의 경우 매출은 역성장을 했는데 인건비는 거의 50% 가까이 증가했습니다. 걱정이 되는 숫자입니다. 2022년 12월 기준으로 임직원 숫자는 총 142명인데, 2022년도 매출을 연말 기준 임직원 숫자로 나누면 1인이 창출하는 매출이 5,000만 원(=50억 원/142명)도 안 됩니다. 참고로 국내 1,000대 기업의 1인당 매출액은 2018년 기준으로 약 10억 원이었고, 1인당 영업이익은 약 5,000만 원 수준이었습니다.

**그림 21. 예시로 사용한 회사의 대차대조표: 부채**

| 과 목 | 제 9(당) 기 | | 제 8(전) 기 | |
|---|---|---|---|---|
| 유동부채 | | 3,155,276,965 | | 3,271,855,549 |
| 미지급금(주석12) | 1,619,692,709 | | 619,307,460 | |
| 미지급비용(주석12) | 615,185,062 | | 1,384,503,173 | |
| 예수금 | 159,183,394 | | 139,607,530 | |
| 선수수익 | 728,317,804 | | 1,089,387,296 | |
| 환불부채 | 32,897,996 | | 39,050,090 | |
| 비유동부채 | | 1,468,567,942 | | 1,669,580,443 |
| 퇴직급여충당부채(주석7) | 937,552,145 | | 1,151,997,833 | |
| 장기복구충당부채(주석8) | 531,015,797 | | 517,582,610 | |
| 부채 총계 | | 4,623,844,907 | | 4,941,435,992 |

(출처: DART)

세 번째 항목은 부채입니다(그림 21). 부채는 유동부채와 비유동부채를 나눠서 볼 수 있습니다. 쉽게 생각하면 빨리 갚아야 하는 빚이 유동부채이고, 조금 천천히 갚아도 되는 빚을 비유동부채라고 생각하면 됩니다. 그런 맥락에서 회사의 대차대조표를 살펴보면 아직 심각한 수준은 아니라고 볼 수 있습니다. 유동부채와 비유동부채를 합쳐서 46억 원 정도 있는데 보유하고 있는 현금성 자산은 1,000억 원이 넘습니다. 통제할 수 있는 범위 안에 있다고 생각해도 무방한 케이스입니다.

### 그림 22. 예시로 사용한 회사의 손익계산서: 영업비용

| 과목 | 제 9(당) 기 | | 제 8(전) 기 | |
| --- | --- | --- | --- | --- |
| 영업비용 | | 47,133,802,935 | | 30,226,782,317 |
| 급여 | 15,321,106,328 | | 11,345,839,056 | |
| 퇴직급여 | 1,547,778,483 | | 1,295,398,188 | |
| 복리후생비 | 1,312,552,039 | | 967,562,894 | |
| 여비교통비 | 477,161,906 | | 368,019,007 | |
| 접대비 | | 158,569,989 | 170,352,945 | |
| 통신비 | | 30,865,309 | 8,050,235 | |
| 세금과공과금 | 563,240,496 | | 388,407,820 | |
| 감가상각비 | 1,199,034,392 | | 945,685,607 | |
| 지급임차료 | 1,768,697,640 | | 1,807,821,670 | |
| 보험료 | | 325,055,940 | 174,518,836 | |
| 차량유지비 | 1,674,800 | | 3,721,948 | |
| 운반비 | | 17,542,878 | 32,484,040 | |
| 교육훈련비 | 46,178,937 | | 28,608,383 | |
| 도서인쇄비 | 3,976,120 | | 55,750,465 | |
| 소모품비 | 61,480,652 | | 153,960,410 | |
| 지급수수료 | 13,085,316,227 | | 5,348,112,051 | |
| 광고선전비 | 10,346,191,218 | | 5,557,744,466 | |
| 판매촉진비 | 533,334,931 | | 1,435,662,297 | |
| 무형자산상각비 | 334,044,650 | | 139,081,999 | |

(출처: DART)

다음은 영업비용 안에 있는 지급 임차료와 지급 수수료를 살펴보 겠습니다(그림 22). 이 회사의 경우는 임차료와 지급 수수료에 해당하 는 금액이 큽니다. 임차료부터 보면, 임차료는 사무실 임대료 등을 나타내는 숫자입니다. 1년에 약 18억 원씩 지출하고 있는데 1개월 기준으로 1억 5,000만 원 수준입니다. 영업손실을 감안하면 부담스 러운 수준으로 보입니다.

다만, 앞에서 언급했듯 딥테크 회사는 A급 인력을 확보하는 것이 무척 중요합니다. 매력적인 사무 공간은 좋은 탤런트를 확보하는 데 분명 도움이 됩니다. 다만, 실적의 개선 없이 손실의 폭이 커진다면 기존 주주들 입장에서는 불편한 숫자가 될 수도 있습니다. 딥테크 스 타트업의 지급 수수료에는 보통 로펌에 내는 자문 비용, 헤드헌터 수 수료, 클라우드 서비스 비용 등이 포괄적으로 잡힙니다. 예시의 회사 는 한 해에 지급 수수료로만 약 13억 원을 사용했는데, 지급 수수료 는 전년 대비 2배 이상 급증한 것을 확인할 수 있습니다. 마찬가지로 걱정이 되는 숫자입니다. 이렇게 급하게 뛰어오르는 항목들은 한 번 더 꼼꼼하게 체크해볼 필요가 있습니다.


이어서 영업비용 안에 있는 마케팅비를 보겠습니다. 여기서는 [그 림 22]의 아래쪽에 있는 광고 선전비를 보면 되는데, 보다시피 2021 년 대비 2배 정도 증가한 것을 확인할 수 있습니다. 2021년도에는 약 56억 원이었지만 2022년에는 103억 원을 기록했습니다. 상식적으로 생각해보면, 이 정도로 광고비가 늘어나면 매출도 어느 정도 비율을 맞춰주면서 올라와야 정상입니다. 하지만 매출은 오히려 역성장을 하며 전년 대비 소폭 하락했습니다. 경영진 입장에서는 고민이 많아질 수밖에 없는 포인트입니다.

**그림 23. 예시로 사용한 회사의 손익계산서: 영업외손실**

| 과 목 | 제 9(당) 기 | | 제 8(전) 기 | |
|---|---|---|---|---|
| 영업외수익 | | 7,526,319,066 | | 2,779,247,395 |
| 이자수익 | 3,161,148,154 | | 404,356,281 | |
| 외환차익 | 206,954,029 | | 1,539,982,352 | |
| 외화환산이익 | 3,838,759,592 | | 810,066,073 | |
| 잡이익 | 319,457,291 | | 24,842,689 | |
| 영업외비용 | | 18,369,428,907 | | 23,790,298,017 |
| 이자비용 | 13,433,187 | | 15,986,208 | |
| 외환차손 | 42,449,393 | | 110,000,096 | |
| 외화환산손실 | 1,433,885,834 | | 37,390,000 | |
| 기타의대손상각비 | 16,356,082,508 | | 20,945,512,650 | |
| 기타단기금융상품평가손실 | 517,417,716 | | – | |
| 유형자산처분손실 | – | | 3,352,297 | |
| 지분법적용투자주식손상차손 | – | | 2,669,056,358 | |
| 기부금 | – | | 9,000,000 | |
| 잡손실 | 6,160,269 | | 408 | |

(출처: DART)

다음으로 설명할 부분은 '영업외손실'이라는 항목입니다(그림 23). 앞에서 잠시 언급했듯, 스타트업은 투자를 받으면 상당 부분의 현금을 예금 상품으로 옮겨 놓습니다. 대차대조표상에 있는 단기 금융상품이 이에 해당하는 내용인데, 단기 금융상품에 가입하면 이자 수익이 발생합니다. 대규모 투자를 유치한 회사의 경우 현금이 수천억 원이 들어오기 때문에 이자 수익이 결코 작지 않습니다. 예시의 회사도 약 660억 원 정도의 단기 금융상품이 있으니(그림 24 참고) 이자 수익으로만 수십억을 확보할 수 있습니다.

더불어 기술 스타트업들의 경우 정부지원과제를 많이 수행하는데, 이때 정부나 관에서 받는 지원금도 보통 영업외수익으로 잡힙니다. 때문에 딥테크 스타트업을 검토할 때는 영업외수익도 더 집중해서 살펴보면 좋습니다. 영업외수익으로 어떤 항목들이 있는지, 있다면 어느 정도 규모인지, 그리고 해당 항목이 당기순손실을 줄이는 데 얼마나 기여하는지 등을 살펴볼 필요가 있습니다.

**그림 24. 예시로 사용한 회사의 매출 & 매출채권**

| 과 목 | 제 9(당) 기 | | 제 8(전)기 | |
|---|---|---|---|---|
| 영업수익 | | 5,045,506,879 | | 5,290,605,595 |
| 서비스매출 | 4,601,767,211 | | 5,290,605,595 | |
| 기타매출 | 443,739,668 | | | − |
| 당좌자산 | | 117,050,954,797 | | 160,693,768,450 |
| 현금및현금성자산(주석3,12) | 48,425,179,115 | | 119,694,056,975 | |
| 단기금융상품(주석3,12) | 66,466,227,091 | | 40,000,000,000 | |
| 매출채권 | 274,759,910 | | 420,001,115 | |

(출처: DART)

마지막으로 매출채권에 대해서 살펴보겠습니다(그림 24). 매출채권에 대해 쉽게 설명하면, 회사가 물건이나 서비스를 팔았음에도 불구하고 아직 받지 못한 돈을 회계장부에 정리한 항목입니다. 못 받은 돈이 많다는 것은 회사에 좋은 소식이 아니지만, 어느 정도의 매출채권이 있는 건 경영에 큰 문제가 되지는 않습니다. 다만, 회수를 하지 못하거나 회수를 받는 시점이 지나치게 늦어지면 회사의 현금흐름이 망가질 수 있습니다.

이런 부분을 체크하기 위해서 심사역들은 보통 매출채권 회전율을 살펴봅니다. 회전율은 '매출'을 '매출채권'으로 나눈 금액을 나타내는데, 예시에서는 해당 수치가 약 19 정도 나옵니다. 상태가 안 좋은 딥테크 스타트업들은 회전율이 1~2 수준에 머무르는 경우도 많은데, 그런 걸 고려하면 예시의 스타트업은 채권회전율 측면에서는 이슈가 없어 보입니다. 받아야 되는 돈을 적절한 시기에 잘 받고 있다고 해석할 수 있습니다.

# 대출 & 정부 지원금

스타트업이 사업에 필요한 자금을 조달하는 방법은 크게 세 가지가 있는데, 정리하면 다음과 같습니다.

스타트업의 자금조달 유형

은행(대출)　　　정부　　　VC

VC에 대해서는 충분히 얘기했고, 나머지 두 가지 옵션에 대해서 간단하게 얘기해보겠습니다.

대출은 가장 고전적인 방법으로, 이자와 원금을 지불할 능력이 있다면 지분을 희생하지 않아도 된다는 장점이 있습니다. 더불어 채권자는 VC만큼 경영에 깊이 참여하지 않습니다. 이자를 잘 지불하고 대출금을 잘 갚으면 좋은 고객이고, 반대면 나쁜 고객으로 간주해서 여러 압박과 제재를 가하게 됩니다. 은행은 좋은 고객에게는 상당히 친절합니다.

다만, 매출과 자산의 규모가 상대적으로 작은 스타트업은 대출을 통해 충분한 자금을 확보하기 쉽지 않습니다. 기술보증기금, 신용보증기금과 같은 유관기관의 도움이 필요한데, 이런 기관들 역시 초기 스타트업에게 해줄 수 있는 부분은 제한적인 편입니다. 이자에 대한 압박감도 있습니다. 저금리 구간에서는 메리트가 있지만, 금리 상승기에는 스타트업에게 큰 부담이 될 수 있습니다. 이자를 지불하지 못하거나 원금 상환을 못하면 문제는 급격하게 악화됩니다. 최근에는 창업자들의 연대보증을 없애는 방향으로 관련 정책이 잡혀가고 있지만, 만약 연대보증이 적용되는 경우라면 개인의 신용등급이 내려가고 자산도 가압류될 수 있습니다.

창업자들이 대안으로 많이 활용하는 옵션은 바로 정부 지원금입니다.
한국 정부는 스타트업에 매우 호의적이고, 정부기관, 지방자치단체 등은 다양한 창업 지원 프로그램을 제공합니다. 정부가 주도하는 프로그램은 대부분 별도의 금전적 비용이 없습니다. 일정 비율의 자기 부담금은 발생할 수 있지만 정부에서 받은 지원금을 다시 갚아야 하는 형태는 아닙니다. 단, 지원 사업을 하게 되면 업무량 증가가 불가피합니다. 제출/보고해야 하는 서류가 매우 많고, 의무적으로 참석해야 하는 각종 프로그램과 행사들은 창업자에게 상당한 부담을 줍니다. 그럼에도 불구하고 스타트업에게 실보다 득이 많은 것은 분명한 사실입니다. 특히, 회사의 사업 방향과 잘 일치되는 지원 사업이라면 더욱더 그러합니다. 하지만 지원금을 받고자 하는 마음에 억지로 맞춰서 하다 보면 오히려 부작용이 생길 수 있으니 주의해야 합니다.

초기 스타트업이 많이 신청하는 프로그램으로는 약 5,000만~1억 원을 지원해주는 '예비창업패키지', '청년창업사관학교' 프로그램이 있습니다. 바우처 형태의 지원금도 있습니다. 세무 서비스 사용 시 발생하는 비용을 일부 충당해주는 바우처나 클라우드 서비스 이용료를 지원하는 클라우드 바우처 등을 지원받을 수 있습니다. 차별화된 기술력을 가지고 있는 회사라면 R&D 과제에도 도전할 수 있습니다. 난이도가 높지만 합격되면 지원받는 금액의 규모가 훨씬 더 커집니다.

팁스TIPS 프로그램도 빼놓을 수 없습니다. 2014년 중기부의 과제 형태로 시작되었는데, 이스라엘식 창업 지원 시스템을 벤치마킹한 프로그램입니다. 사전에 선정된 운용사(AC, VC 등)가 추천하고 투자한 스타트업들을 대상으로 R&D 자금(약 5억 원)을 매칭하여 제공합니다.

# 6장

# 첨언

VC는 시장에 베팅하는 기관투자자로 마이크로micro보다는 매크로macro를 우선시하는 경향이 큽니다. 세상을 바꿀 수 있는 시대적 흐름에 대해 질문하고, 그 질문에 대한 답변을 잘 찾고 있는 스타트업에 자본을 제공합니다. VC는 다른 기관들보다 호흡이 길어서 짧게는 5년, 길게는 10년을 함께하면서 위대한 기업의 탄생을 돕습니다.

이번 장은 이 책의 마지막 장입니다. 책의 남은 공간은 VC인 필자가 던지는 질문들과 그 질문에 답하고 있는 스타트업들의 이야기로 채워보려고 합니다. 그래서 앞의 장들과 달리 주관적인 의견이 많지만, 독자들에게 시장의 주요한 흐름을 고민해볼 수 있는 시간이 되기를 바랍니다.

# 인공지능과 블록체인

우리는 데이터가 중심이 되는 경제 체제에 살고 있습니다.

OpenAI의 ChatGPT도, 테슬라의 자율주행도 결국 데이터를 기반으로 합니다. 데이터가 없으면 인공지능AI도 없습니다. 양질의 데이터가 '많이' 있어야 AI가 잘 돌아갈 수 있습니다. 실리콘밸리는 이미 데이터의 중요성에 대해 잘 알고 있었습니다. 관련 회사에 과감한 베팅을 했고, 이들은 방대한 양의 데이터를 축적하는 데 성공했습니다. 축적의 과정은 여전히 '진행형ing'이지만 이제는 관련 인프라가 상당히 잘 구축되어 있는 상태입니다.

이제는 여기에 한 가지 키워드가 더 추가되어야 합니다. 바로 '신뢰'라는 단어입니다.

과거에는 많은 양의 데이터를 모으는 게 최우선 순위였습니다. 활용할 수 있는 데이터의 절대적인 양이 부족했기 때문입니다. 하지만 기술의 성숙도가 빠르게 올라가면서 인류는 이제 다른 고민을 하기 시작했습니다. 고민의 핵심은 신뢰입니다. 우리가 축적한 데이터가 올바른 정보인지, 정확한 정보가 맞으면 이 데이터들이 외부의 공격으로부터 잘 보호받고 있는지 생각의 관점이 달라졌습니다.

자율주행을 예로 들어보겠습니다. 지난 2016년, 중국 텐센트의 한 부서에서 테슬라의 자율주행 전기차를 원격으로 해킹하는 데 성공했습니다. 테슬라는 즉각적으로 버그를 잡아 소프트웨어를 업데이트했지만, 만약 자율주행차가 상용화되었을 때 이런 일이 일어난다면 비극적인 일이 발생할 수 있습니다. 달리는 차의 차선을 변경시키거나 급제동을 걸면 운전자들은 큰 사고를 피할 수 없게 될 것입니다. 즉 사람의 목숨까지 위험해질 수 있다는 뜻입니다.

이런 치명적인 문제점을 어떻게 해결할 수 있을까요? 국내외 주요 VC들이 주목하고 있는 기술은 바로 '블록체인blockchain'입니다.

앞의 예시로 다시 돌아가 보겠습니다. 자율주행차는 높은 보안성이 장점인 블록체인을 통해 이러한 문제점을 극복할 수 있습니다. 예전에는 해커들이 중간관리자Middleman 정보만 뚫으면 모든 데이터가 풀렸지만, 블록체인 네트워크는 분산 처리하기 때문에 '한 놈만 패서'는 답이 없습니다. 데이터가 여러 참여자에게 분산되어 있고, 이들 모두가 (혹은 최소한 과반 이상이) 인정해줘야 하기 때문에 해킹이 더욱 어려워집니다.

보안성뿐만 아니라 투명성도 올라갑니다. 구글은 영국 국민건강보험NHS와 제휴해 AI 기반의 헬스케어 솔루션을 만들고 싶었습니다. 하지만 프로젝트를 추진하는 과정 중 환자의 동의를 받지 않고 데이터를 수집해 여론의 질타를 받았습니다. 이에 구글은 신뢰를 회복하기 위해 블록체인 도입을 검토했습니다. 블록체인 기술을 활용하면 환자들은 개인 데이터에 어떤 일이 일어나는지 실시간으로 추적할 수 있기 때문입니다.

블록체인은 데이터에 신뢰를 부여하는 기술입니다. 그래서 과거 오프라인에서 온라인으로 전환할 때 인터넷이 핵심적인 기반 기술의 역할을 한 것처럼, 앞으로 다가오는 데이터 중심 사회에서는 블록체인이 중요한 기반 기술이 될 확률이 높다는 뜻입니다.

**온라인 : 인터넷 = 데이터 : 블록체인**

인터넷을 블록체인의 '비교군comparable'으로 잡았다면, 우리는 인터넷의 과거를 복습하며 블록체인의 미래를 대략적으로 예측해볼 수 있습니다. 인터넷은 1960년대에 등장했지만 대중화되기까지 오랜 시간이 필요했습니다. 인프라가 먼저 구축되었고, 그 위에서 여러 형태의 서비스가 만들어졌습니다. 터닝 포인트는 '이메일e-mail'의 등장이었습니다. '킬러앱killer app'의 등장과 함께 인터넷의 수요는 폭발적으로 증가했습니다. '매스 어답션mass adoption(대중화)'이 이루어졌고, 그 위에서 우리가 오늘날 알고 있는 아마존, 구글과 같은 위대한 스타트업이 탄생했습니다.

비슷한 흐름을 블록체인에 적용해본다면, 인터넷과 마찬가지로 인프라가 먼저 자리를 잡아야 할 것입니다. 뿌리가 없는 나무는 존재하지 않습니다. 블록체인도 마찬가지입니다. 이더리움과 같은 기반 기술들이 먼저 표준화되어야 합니다. 실제로 글로벌 대형 VC들이 대규모 투자금을 집행한 스타트업을 보면 앱토스, 폴리곤과 같이 인프라를 만드는 유형의 회사들이 많았습니다.

무엇보다 이메일과 같은 블록체인의 킬러 서비스가 필요합니다. 후보군은 있습니다. 크립토, 디파이, NFT, CBDC 등이 거론되고 있습니다. 하지만 아직 확실한 '유스 케이스use case(사용 사례)'가 없습니다. 시장의 발전 속도가 주춤하고 있는 이유이기도 합니다. 산업의 관점에서 봤을 때는 금융과 게임이 가장 활발하게 움직이고 있습니다. 대형 게임사들은 이미 블록체인 자회사 또는 블록체인 전문 팀을 운영 중입니다. 변화의 움직임은 이미 시작되었습니다.

필자가 개인적으로 제일 주목하는 섹터는 금융입니다. 월드뱅크 World Bank에서 발표한 리포트에 따르면, 전 세계 인구 79억 명 중 약 17억 명이 '언뱅크드unbanked(금융 소외 계층)'에 속합니다. 이들은 기본적인 금융, 은행 서비스의 혜택을 받지 못하는 집단입니다. 이제 한 번 생각해봐야 합니다. 이들이 어차피 접근할 수 없는 전통적인 은행 대신 블록체인을 기반으로 하는 '탈중앙형 금융DeFi, Decentralized Finance'을 사용하면 어떻게 될까요? 법정통화fiat 대신 블록체인으로 만든 크립토crypto를 사용한다면? 접근하기 어려운 자산들을 '증권형 토큰Security Token'을 통해 분배하고 쪼개서 소유한다면? 디지털 자산을 'NFT'Non-fungible Token'로 전환해서 소유하고 거래할 수 있다면?

미국 펜실베이니아대학University of Pennsylvania에서 발표한 논문에 따르면, 대규모 사회적 변화가 일어나기 위해서는 확실한 입장을 취하는 25%의 소수가 있으면 된다고 주장합니다. 앞서 언급했던 언뱅크드만 봐도 전 세계 인구의 약 20% 수준입니다. 여기에 기존 5%만 더해진다면 티핑포인트tipping point(예상하지 못한 일이 한꺼번에 몰아닥치는 극적인 변화의 순간)가 이루어질 수 있습니다.

2022년 기준 국내 5대 금융지주는 예대마진(대출금리와 예금금리 차이)으로만 약 50조 원을 벌었습니다. 천문학적인 액수입니다. 은행업은 인류가 만든 최고의 사업 모델 중 하나라고 해도 과언이 아닙니다. 그만큼 그들이 가지고 있는 권력이 막강합니다. 하지만 앞서 언급한 티핑포인트 이론이 맞으면, 블록체인을 통해 금융이라는 섹터 안에서 대규모 사회적 변화를 만들 수 있는 가능성은 충분해 보입니다.

2023년 가장 스포트라이트를 많이 받은 CEO를 꼽자면 아마도 OpenAI의 '샘 올트먼Sam Altman'일 것입니다. 그는 AI의 혁신을 선도하는 혁신적인 리더로 꼽히고 있습니다. 흥미로운 점은 그는 누구보다 강력한 블록체인의 신봉자라는 것입니다. 많은 분이 잘 모르고 있지만, 그는 '월드코인World Coin'이라는 크립토 프로젝트를 론칭했습니다.

월드코인은 홍채 인식을 통해 개인 신원을 인증한 사람들에게 '월드IDWorld ID'를 부여합니다. 월드ID가 생성되면 가상자산 지갑 '월드앱World App'을 통해 '월드코인WLD' 25개가 지급됩니다. 월드코인은 바이낸스, 코인원 등 주요 거래소에서 현금화가 가능합니다. 국내 거래소 빗썸에서는 상장 직후 1만 원을 돌파하기도 했습니다. 올트먼이 월드코인을 발행한 이유는 AI가 보편화되면 온라인에서 인간과 AI를 구분하기 어려워질 것이라고 예상했고, 이에 따라 사용자가 인간임을 증명하는 홍채 인식과 같은 기술의 중요성이 커질 것이라고 판단했습니다.

프로젝트에 대한 평가는 아직 갈리고 있지만, 차세대 AI의 선구자가 블록체인 프로젝트를 동시에 진행하고 있다는 사실은 우리에게 시사하는 바가 큽니다. 시장의 참여자들은 AI와 블록체인은 반대의 개념으로 생각하는 경우가 많습니다. 하나가 잘되면 다른 하나는 어려워진다는 이분법도 존재하는데, 이는 잘못된 생각입니다. AI와 블록체인은 사실 매우 밀접하게 연결되어 있는 기술이며, 서로를 상호 보완해주는 상생의 기술입니다.

이들을 연결하는 공통분모는 '데이터'입니다. 블록체인은 데이터를 분산 처리해서 중앙 관리자의 역할을 최소하고, 그러면서도 신뢰할 수 있는 네트워크를 만드는 것이 기술의 핵심적인 본질입니다. 블록체인이 만드는 신뢰의 네트워크를 위해서 AI가 더 성숙한 방향으로 진화하는 모습을 우리는 상상해볼 수 있습니다.

중국 알리바바 창업주 마윈은 "데이터는 21세기의 원유"라고 했습니다. 일리 있는 말입니다. 블록체인도 데이터고, 인공지능도 결국 데이터입니다.

# 19세기 교실, 21세기 학생

대한민국의 학교는 놀라울 정도로 군대와 공통점이 많습니다. 가운데 운동장(연병장)을 중심으로 3~4층짜리의 네모난 건물들이 들어서 있습니다. 복도는 일자형입니다. 구조가 단순해서 통제하고 감시하기에는 상당히 편리합니다. 운동장(연병장)은 주로 축구를 좋아하는 학생(군인)들이 독점합니다. 소극적인 친구들은 사용하기 쉽지 않습니다. 학교 교실은 군대 내무반과 같이 동일한 모양과 크기로 구성되어 있습니다. '3학년 4반'과 같은 표지판이 없으면 각각의 교실을 구분하기 어렵습니다.

허락받지 못한 시간에는 외부로 이동할 수 없습니다. 학교에서는 학생 주임 선생님이 학생의 이동을, 군대에서는 위병들이 병력의 이동을 통제합니다. 조금만 더 얘기해보겠습니다. 우리 아이들과 군인들은 모두 같은 음식을 먹고 같은 옷을 입습니다. 이런 환경에서 창의력은 크게 요구되지 않습니다. 필자도 경험했지만, 입대 후 군복을 입는 순간부터 옆에 있는 동기들과 다른 행동을 하지 말자는 생각을 자연스럽게 했습니다.

물론 군대라는 조직의 특성을 고려하면 이러한 현상을 쉽게 납득할 수 있습니다. 전쟁터에서는 '창의'라는 단어를 배제해야 하기 때문입니다. 지휘관들에게는 자유로운 사고가 필요하겠지만, 그들을 따르는 예하 병사들에게는 명령을 정확하게 실행하는 행위가 더욱 중요합니다.

하지만 학교는 다릅니다.

학교는 자유롭게 사고하면서, 서로의 다름과 다양성을 인정하고 존중해주는 방법을 배워야 하는 공간입니다. 특히 이러한 역량은 정보의 홍수로 인해 '지식의 습득'보다 '창의적 문제 해결 능력'이 훨씬 더 중요한 디지털 시대에 꼭 필요한 스킬skill입니다.

대한민국의 아이들은 자아가 형성되는 12년이라는 소중한 시간을 '창의력'이 배제된 공간에서 살고 있습니다. 사회는 빠르게 디지털화하고 있음에도 불구하고 교실의 풍경은 100년 전과 크게 다를 바 없습니다. 다양한 시도가 이루어지고 있지만, 수십 명의 학생들은 여전히 선생님과 칠판만을 바라보고 있고, 일방향적 주입식 교육과 평가는 여전합니다. 이런 환경 속에서 제2의 스티브 잡스, 제2의 마크 저커버그가 나오기를 기대하는 것은 모순입니다.

실제로 대다수의 대한민국 청년들은 '혁신'보다는 '안정'을 추구합니다. 한국의 공무원 시험 합격률은 2.4%로 하버드대학의 입학률인 4.6%보다도 낮습니다. 교도소 같은 공간에서 12년을 보낸 우리 아이들이 '도전'과 '다양성'을 두려워하는 것은 어찌 보면 당연한 현상입니다.

교육 공간의 혁신, 즉 '아웃 오브 박스Out-of-Box-Thinking가 필요합니다. 오프라인 공간만 고집할 필요가 없습니다.

미국의 미네르바 스쿨Minerva School을 살펴보겠습니다. 저명한 벤처 투자자인 벤 넬슨이 창립한 미네르바 스쿨은 하버드대학보다 들어가기 어려운 학교로, 평균 합격률이 2~3% 수준입니다. 예일대·프린스턴대·서울대와 같은 국내외 명문대학 대신 미네르바에 입학하는 사례도 늘고 있습니다. 이 학교는 도서관도, 강의실도 없습니다. 학생들은 정해진 시간에 온라인으로 접속하여 강의를 듣습니다. 수업 방식도 미리 준비해온 주제로 교수와 함께 토론하는 방식입니다. 본사는 미국 샌프란시스코에 있지만 학생들은 학기마다 전 세계를 돌아다니며 교육을 받습니다. 수업 외 시간에는 학교와 연계된 기업·비영리단체·공공기관들과 함께 프로젝트를 진행합니다. 아마존, 우버, 애플, 카카오, SK 등의 글로벌 회사들이 미네르바 학생들에게 현장 경험을 제공합니다.

홈스쿨링도 예로 들어보겠습니다. 필자는 홈스쿨링이 기존 공교육의 대체제가 될 수 있다고 믿는데, 이유는 다음과 같습니다.

첫째, 홈스쿨링에서는 자기 주도형 학습이 가능합니다. 아이들은 저마다 다른 재능과 역량을 가지고 태어납니다. 그럼에도 불구하고 제2차 산업시대의 교실 모델은 'One Size Fits All(누구에게나 적용되도록 만든)' 시스템을 고수하고 있습니다. 평균 수준의 학생에 맞춰 교육이 진행되다 보니 역량이 조금 부족한 학생들은 수업 내용을 이해하기 어렵고 역량이 뛰어난 학생들은 수업이 지루해집니다. 이런 문제를 해결하기 위해서는 학생들이 학습 속도를 직접 조절할 수 있어야 합니다. 즉 자기 주도형 교육이 필요하다는 뜻입니다.

꽤 최근까지 홈스쿨링은 주로 부모의 주도하에 교육이 이루어졌습니다. 하지만 에듀테크EduTech의 발전 덕분에 온라인 기반의 자기 주도형 학습을 하는 학생들이 많아졌습니다. 'K12'라는 미국 온라인 교육업체의 경우 인터넷 접속이 가능한 환경이라면 학생들이 선생님의 도움 없이 언제 어디서든 자기 주도적으로 학습할 수 있는 환경을 구현했습니다. 온라인 콘텐츠를 보고 따라가는 것만으로도 충분하지만, 혹시 아이가 학습 도중 막히는 부분이 있을 경우 전화상담 등을 통해서 빠르게 문제를 해결해줍니다.

K12에서 제공하는 커리큘럼보다 더 고급 과정을 원한다면 대학 기관이 제공하는 MOOC<sup>Massive Open Online Courses</sup>(무료 온라인 공개 수업)을 활용할 수 있습니다. 이를 통해 학생들은 본인의 학습 속도를 능동적으로 조절합니다. 학업 능력이 뛰어난 학생들은 더 빠르게 더 많은 콘텐츠를 흡수할 수 있습니다. 역량이 조금 부족한 아이들은 스스로를 주변 학우들과 비교하면서 "역시 나는 안 돼"와 같은 패배 의식을 느낄 필요가 없습니다. 각자의 스타일에 맞추어 개별적으로 학습을 진행하면 되기 때문입니다. 자연스럽게 교육 효과는 올라가고 낙오자는 줄어듭니다.

둘째, 홈스쿨링을 통해서도 충분히 '사회적 스킬<sup>social skill</sup>'을 습득할 수 있습니다. 혹자는 아이들이 공교육을 받지 않으면 사회 적응 능력이 떨어지는 게 아니냐고 주장합니다. 그들은 학교라는 사회의 축소판을 통해 미리 조직 생활을 경험하는 것이 좋다고 말합니다. 하지만 필자는 동의할 수 없습니다. 이제는 취업이 아니라 창작의 시대가 올 것이기 때문입니다. 우리 아이들이 살아갈 세상은 디지털 기술을 기

반으로 하는 '긱 이코노미Gig Economy'가 확대되면서 프리랜서 경제 시
장이 빠르게 확장될 것입니다.

유연성과 자유로움을 갖춘 근무 형태로 변화하는 동시에 2~3개
의 커리어를 가질 수 있는 구조로 진화할 것입니다. 회사와 같은 울
타리 안에 갇혀 동료들과 치열하게 경쟁하는 구조는 구시대의 유물
이 될 확률이 높습니다. 전통적인 학교의 모델은 Z세대 아이들의 사
회성을 높이는 데 별로 도움이 안 된다는 뜻입니다. 오히려 독립적으
로 학습하며 학교 밖에서 다양한 연령대의 사람들과 자유롭게 교류
할 수 있는 홈스쿨러들이 새로운 시대에 더 적합한 '사회적 스킬'을
배울 수 있다고 생각합니다.

'사회적 스킬'의 중요한 요소 중 하나인 커뮤니케이션 능력도 마
찬가지입니다. 홈스쿨링의 교육은 공교육과 비교해도 부족함이 없습
니다. 관련 사례로는 미국 스탠퍼드 대학에서 운영하는 '스탠포드 온
라인 고등학교Stanford Online High School'를 꼽을 수 있습니다. 스탠포드
온라인 고등학교에서는 화상 대화가 가능한 플랫폼에 약 30개국의
학생들이 동시 접속하여 토론 방식으로 수업을 진행합니다. 해당 플
랫폼에서는 페이스북의 '좋아요'와 유사한 기능을 통해 강의에 대한
실시간 피드백 전달이 가능합니다.

채팅 창에서는 자유롭게 질문하고 언제든 각자의 피드백을 전달할 수 있습니다. 칠판 앞에서 지식을 일방적으로 전달하는 학교의 모습과 사뭇 다릅니다. 다만, 스탠퍼드 온라인 고등학교는 오프라인의 교육 요소를 갖고 있습니다. 학기 중 모든 수업은 온라인으로 이루어지지만, 여름방학 기간에는 캘리포니아에 위치한 본교에서 오프라인 과정을 제공합니다. 해당 기간 동안 학생들은 리더십 프로그램을 이수하고 함께 여행하며 친목을 도모합니다. 학기 중에도 Karaoke Night(가라오케 나이트), Movie Night(무비 나이트) 등 다양한 소셜 프로젝트를 진행합니다. 홈스쿨러는 사회성이 결여된다는 편견을 해소하기 위해 학교가 마련한 해결책입니다.

오늘날의 학교 시스템은 '성실한 공장 노동자'를 양성하기 위해 만들어졌습니다. 정해진 규칙을 잘 따르고, 필요한 정보를 정확하게 암기하며, 빠르게 산수 문제를 풀 수 있는 인력을 키워냅니다. 하지만 우리는 디지털 시대에 살고 있습니다. 상당수의 교육자가 이러한 시스템은 더 이상 적절하지 않다는 것을 인지하기 시작했고, 교육 방식을 서서히 바꿔가고 있습니다. 홈스쿨링은 그 노력의 결과물 중 하나입니다.

미국은 이미 약 3.5%의 청소년들이 홈스쿨링을 통해 교육을 받습니다. 할리우드의 톱 배우인 라이언 고슬링, 테니스 여제 세레나 윌

리엄스, 최연소 베스트셀러 작가 크리스토퍼 파올리니 등이 홈스쿨을 통해 기본 교육을 받았습니다. 국내에서도 악동 뮤지션의 이찬혁·수현 남매와 〈슈퍼스타 K6〉의 우승자인 곽진언 씨가 홈스쿨러 출신이라고 보도된 바 있습니다.

학생들은 저마다 다른 재능을 가지고 태어납니다. 그럼에도 불구하고 대한민국은 늘 똑같은 교육을, 똑같은 장소에서, 똑같은 시간에, 똑같은 방식으로 제공하는 교육 시스템을 고수하고 있습니다. 기술적 한계가 있었던 과거에는 이런 측면을 인지하고도 마땅한 대안이 없어 기존의 집합식 교육을 개선해 나가는 수준에 그쳤습니다. 하지만 지금은 다릅니다. 비약적인 발전을 이룬 인공지능, AR/VR, 원격 커뮤니케이션 기술 등을 통해 교육의 형태를 다변화할 수 있습니다.

온라인 교육이 능사라는 뜻은 아닙니다. 온·오프라인 공간을 하이브리드 형태로 사용하는 방식이 교육적 효과가 높다는 것은 이미 여러 연구결과를 통해 증명되고 있습니다. 에듀테크를 통해 오프라인을 대대적으로 개선하는 방법도 존재합니다. 필자는 지금 정답을 말하는 것이 아니라 생각의 방향을 말하는 것입니다.

새로운 시대에는 새로운 교육이 필요합니다. 대한민국의 교육은 100년이 넘는 시간 동안 제2차 산업시대의 학교 모델을 사용하고 있습니다. 버전 2.0으로 업그레이드가 시급합니다. 실리콘밸리에서 진행되고 있는 교육 실험들은 국내 VC 스타트업 시장에도 많은 시사점을 제공합니다. 문제가 명확하다는 것은 그만큼 큰 기회가 존재한다는 뜻입니다.

19세기의 교실은 21세기로 반드시 전환되어야 하고, 그 과정에서 수많은 에듀테크 스타트업이 파괴적인 혁신을 가져올 것입니다. 변화의 초입부에 이제 들어섰습니다. 주목할 가치는 충분해 보입니다.

# 03

# K바이오, K헬스케어

한국은 참 독특한 나라입니다. 공부 좀 한다는 친구들은 의사가 되는 진로를 우선적으로 고민합니다. SKY에 입학 후 자퇴한 학생이 2022년 기준 2,000명을 넘어섰는데, 각자의 사정은 다르겠지만 의학계열 진학을 위한 자퇴생이 늘었다는 것은 공공연한 사실입니다. 초등학생 학원에서도 의대 준비반이 생겼다고 하니 '의대공화국'이라는 표현이 과하지 않습니다.

더 과열되는 양상을 보이고 있지만 과거에도 의대 선호 성향은 분명 존재했습니다. 대한민국의 의대는 국가의 가장 유능한 지적 탤런트를 제일 많이 보유한 집단 중 하나로 봐도 무방하다는 뜻입니다. 우려의 목소리가 큽니다. 안정을 추구하는 사회는 역동성이 떨어질 수밖에 없다는 의견부터, 젊은 인재들이 의사와 공무원만 찾으면 '소는 누가 키우냐'는 질문까지 각양각색입니다.

필자의 의견은 조금 다릅니다. 걱정스러운 부분이 분명 있지만, 이를 잘만 활용하면 K팝, K반도체 못지않은 K바이오, K헬스케어를 만들 수 있다고 믿습니다.

한국은 이미 의료 선진국입니다. 뇌졸중은 3대 중증 응급질환 중 하나인데, 대한민국의 뇌졸중 치료는 이미 세계적인 수준입니다. OECD가 2019년 발간한 보고서에 따르면 한국의 뇌경색 환자의 30일 치명률은 6.2%로 OECD 평균인 12.3%보다 유의미하게 낮습니다. 암 치료도 마찬가지입니다. 한국의 위암 5년 생존율은 77.5%로 미국 33.1%, 영국 20.7%보다 훨씬 높습니다. 모든 암종을 놓고 봐도 한국의 5년 생존율은 70.6%로 미국의 69.2%에 뒤처지지 않습니다. 대한민국의 뛰어난 인재들이 많이 모이니 이처럼 탁월한 성과를 만들 수 있었던 것입니다.

문제는 인력의 구조입니다. 치료에 지나치게 집중되어 있다 보니 '의사과학자'가 부족합니다. 선진국과 가장 큰 차이점입니다. 전국의 의대 졸업생 중 연구의사를 지망하는 인력은 극소수입니다. 대학병원 교수조차 학교를 떠나 개원을 하는 이들이 늘고 있습니다. 세계

의료시장 규모는 약 1조 5,000억 달러로 추정되는데,[56] 한국은 이 중 약 2%를 차지하고 있는 것으로 파악됩니다. 2%의 파이 중 국내 의사들이 직접적으로 기여한 부분은 미미합니다. 환자 치료가 우선이다 보니 연구가 후순위로 밀리게 된 것입니다.

치료 의사는 수백 명의 환자를 구할 수 있지만 의사 과학자는 인류를 구할 수도 있습니다. 에볼라 치료제를 만든 의사과학자는 세계 50위 안에 드는 제약 기업을 만들었습니다. 화이자의 코로나 백신을 만든 '바이오엔테크BioNtech'라는 스타트업의 창업자인 '우구르 사힌Uğur Şahin'도 대표적인 의사과학자입니다. 이들이 만드는 바이오, 헬스케어 기업은 엄청난 규모의 해외 매출을 일으킬 뿐만 아니라, 수십만 명의 고용을 창출할 수 있는 가능성도 가지고 있습니다.

더 많은 의사과학자 양성이 필요합니다. 의대 선호 성향이 아주 강한 국가이기 때문에 세계적인 수준의 의사과학자가 충분히 나올 수 있습니다. 시장도 매력적입니다. 고령화는 피할 수 없는 흐름입니다. 바이오, 헬스케어에 대한 수요가 지속적으로 증가할 수밖에 없습니다. 제2의 삼성전자, 제2의 LG에너지솔루션을 기대할 수 있는 마켓이라는 뜻입니다. 국내 VC만 봐도 바이오 시장에 2019년부터

---

**56** 1조 달러가 제약, 5,000억 달러가 의료기기 시장으로 파악된다.

2022년까지 매년 1조 원이 넘는 투자금을 집행했습니다. 2023년에는 하향 조정되었으나, 기본적으로 바이오/헬스케어는 VC라는 모험자본과 매우 잘 맞는 섹터입니다.

긍정적인 움직임도 보입니다. 의사 출신의 창업자와 벤처투자자가 늘고 있습니다. 2022년 상장한 AI 헬스케어 스타트업 '루닛'의 투자를 담당했던 IMM의 문여정 심사역은 연세대학교 의과대학을 졸업한 산부인과 전문의입니다. 루닛의 CEO인 서범석 대표 역시 서울대학교병원 가정의학과 전문의 출신입니다.

최근 시장에서 많은 주목을 받고 있는 헬스케어 스타트업 '카이헬스'도 좋은 사례입니다. 이혜준 카이헬스 창업자는 서울대 병원 출신 기업인으로, 산부인과 전공의로서의 전문성을 살려 '난임 인공지능 솔루션'을 개발하고 있습니다.

하지만 아직은 모든 것이 미약합니다. 의사과학자의 불모지대로 보는 것이 더 적합해 보입니다. 불확실성이 낮은 치료의사에 대한 선호는 여전히 강하고, 리스크가 큰 연구의사를 기피하려는 현상은 여전히 존재합니다. 창업은 당연히 더 조심스러울 수밖에 없습니다. 카이스트가 의사과학자 양성을 위해 의학전문대학원을 만들겠다는 계획을 발표했을 때도 의사협회의 반발이 거셌습니다. 학교는 인턴, 레지던트 과정도 없고 전문의 자격증도 없다고 설명했지만 협회를 설득하기 쉽지 않았습니다.

그 과정을 보면 기득권의 밥 그릇 지키기처럼 느껴지는 부분이 있었습니다. 의사의 과잉 공급을 걱정하지만, 의사과학자라는 관점만 놓고 보면 그럴 이유가 전혀 없어 보입니다. 바이오, 헬스케어 산업이 더 커지면 가장 큰 수혜를 받는 곳 중 하나가 바로 의료계입니다. 정해진 파이pie 안에서 내 몫을 찾는 것보다 시장의 파이 자체를 더 키우는 것이 모두를 위해 필요해 보입니다.

우리는 '퍼스트 무버first-mover(새로운 산업 분야에서 가장 앞서서 변화를 주도하고 개척하는 선도자)'는 되지 못해도 '패스트 팔로워fast-follower(빠른 추종자, 경쟁자의 전략을 빨리 따라가는 자)'는 누구보다 잘하는 민족입니다. 메모리 반도체의 후발주자로 시작했지만 이제는 세계 시장 점유율 50% 이상을 한국 기업들이 차지하고 있습니다. 가전사업도, 조선업도, 2차전지도 마찬가지입니다. 늦게 시작했지만 빠르게 치고 올라가서 결국 1등을 합니다. 분명 저력이 있는 민족입니다.

대한민국은 작은 나라입니다. 내수로는 한계가 있습니다. 우리는 밖에서 답을 찾아야 합니다. 방탄소년단의 K팝에 전 세계인이 열광했습니다. 5,000만 명밖에 안 되는 인구지만 매년 뛰어난 아티스트들이 등장하고 있습니다. 천연 자원은 없지만 인적 자원만큼은 남부

럽지 않은 나라입니다.

아카데믹academic하게 봤을 때 우리의 끝판왕은 단연 의대입니다. K바이오, K헬스케어가 기대되는 이유입니다. 진입장벽이 높은 시장이지만, 가능성은 충분해 보입니다. 오늘의 의대공화국은 비속어에 가깝지만, 내일의 의대공화국은 그 반대의 의미로 해석되길 기대해 봅니다.

# 환경, 생존의 문제

마지막으로 환경 문제에 대해 얘기해보려고 합니다.

구구절절 관련 통계와 숫자만을 나열할 생각은 없습니다. 사태의 심각성은 팩트이고, 관련 자료는 여러 자료를 통해 쉽게 확인할 수 있습니다. 대신, VC의 관점에서 시장의 흐름을 얘기해보려고 합니다.

투자는 우선순위를 정하는 작업입니다. 투자할 수 있는 대상은 너무 많습니다. 투자자로서 우리가 해야 할 일은 수많은 투자처 중에 어디에 최우선 순위를 둘 것인지 판단하고, 이를 바탕으로 최상위단의 '투자 논지investment thesis'를 결정하는 것입니다. 나의 포트폴리오를 관통하는 한 가지 '큰' 흐름이 있다면 투자자로서 버티는 힘이 있다는 것입니다. 잘 버텨야 하는 건 스타트업뿐만이 아니라, 투자자도 마찬가지입니다.

그런 맥락에서 봤을 때, 현시점에서 필자가 생각하는 가장 강력한 투자 논지 중 하나는 바로 '환경'입니다.

이유는 명확합니다. 환경은 생존의 문제이기 때문입니다. 좋은 옷은 없어도 살 수 있고, 맛있는 건 덜 먹어도 괜찮지만 환경 문제는 존폐의 이슈로 연결되는 다른 수준의 고민입니다. 탄소배출 감축 등 세계 각국이 진행하고 있는 노력들이 실패하면 우리 후손들은 일론 머스크의 주장처럼 지구 밖 행성을 찾아야 할 수도 있습니다.

특히 자녀가 있는 부모들에게는 상상만으로도 공포입니다. SF 영화에서나 보던 척박한 지구에 우리의 아들 딸, 손자 손녀가 살아가는 건 어떤 방법을 써서라도 막고 싶습니다. 이는 돈이 많은 사람들에게도 적용되고, 돈이 없는 사람에게도 적용됩니다. 막강한 권력자에게도 적용되고, 평범한 시민들에게도 적용됩니다. 우리는 모두 부모가 있고 누군가의 자녀이기 때문입니다.

'자본가'와 '권력자'도 마찬가지입니다. 지켜야 하는 가족이 있을 것이고, 보호하고 싶은 후손들이 있을 것입니다. 환경 문제는 그런 관점에서 생각해야 합니다.

음모론을 좋아하는 이들은 세상을 움직이는 극소수의 세력이 있다고 주장하기도 합니다. '일루미나티'를 언급하기도 하고 '로스차일드 가문'을 소환하기도 합니다. 필자도 모릅니다. 그럴 수도 있고 아닐 수도 있을 것 같습니다. 다만, 세계를 움직이는 거대한 그림자 집단이 있다고 한다면 그들은 어떤 생각을 하고 있을까요? 지금의 시대라면 그들의 최우선 순위도 결국 '환경'으로 귀결되지 않을까 싶습니다.

지구의 온도는 산업화 이전과 비교했을 때 3도 이상까지 오를 수 있다는 의견이 속속 나오고 있습니다. 5,000만 명의 사람이 생존할 수 없는 온도이며, 전 세계에서 산불로 사라지는 토지가 현재의 두 배로 늘어나는 기후 변화입니다. 아마존이 초원으로 변하고, 미국 뉴욕시는 100년에 한 번꼴로 대홍수를 겪을 수 있습니다.

일루미나티의 일원이 아니냐는 의혹을 받는 마이크로 소프트 창업자 빌 게이츠는 이제 스스로를 환경주의자로 칭하면서 기후 문제 해결에 몰두하고 있습니다. 아마존의 창업자 제프 베조스는 기후 변화 대처를 위해 100억 달러(한화 약 10조 원)를 기부했고, 우주 사업을 추진하는 '블루오리진'이라는 회사를 설립했습니다. 음모론의 사실 여부를 떠나 사회 지도층이 환경 문제에 적극적으로 개입하고 있음은 분명한 팩트입니다.

다시 '투자 논지'로 돌아와 보면, 시장은 이미 '환경'이라는 대세적인 프레임 안에서 움직이고 있음을 우리는 어렵지 않게 알 수 있습니다. 대표적인 예는 전기차입니다. 전통적인 산업군으로 분류하면 모빌리티에 포함되지만, 환경 문제 해결을 위한 노력의 일환으로 보는 것이 더 적절합니다. 2차전지의 폭발적 성장 역시 전기차를 기반으로 하고 있기에 마찬가지로 환경이라는 논지 안에 들어갑니다. 제2의 슈퍼 사이클을 기대하고 있는 조선업도 비슷한 맥락에서 해석이 가능합니다. 탄소 배출을 최소화하려는 친환경 선박의 수요가 시장의 성장을 견인하고 있습니다.

조금 더 마이크로 하게 보면, 대체육을 만드는 스타트업들도 포함됩니다. 식물성 대체육은 1kg당 탄소발자국[57]이 1~2kg이지만, 소고기는 최대 120kg까지 측정됩니다. 스마트팜 스타트업도 있습니다. 과기부 산하 연구기관인 '한국기계연구원'은 도심 고층 빌딩 옥상에 스마트팜을 만들어 온실 채소 등을 재배하면 냉난방 에너지 20%, 온실 가스는 30% 줄일 수 있다고 말합니다.

투자 논지는 언제든지, 얼마든지 조정될 수 있습니다. 세웠던 가

---

[57] 탄소발자국은 개인이나 집단이 발생시키는 온실 기체의 총량을 나타낸다. 소고기 섭취량의 5%를 줄이면 연간 800만 톤의 이산화탄소 배출량을 줄일 수 있다고 한다(출처: 헬스조선).

설이 맞지 않으면 빠르게 조정하는 것 역시 투자자의 역할이기도 합니다. 다만, 인류의 현주소를 봤을 때 '환경'을 뛰어넘을 만한 강력한 '드라이버driver'가 나오기는 쉽지 않아 보입니다. 우리는 삶의 3대 요소로 의식주를 꼽습니다. 그리고 실제로 의식주라는 영역 안에서 수많은 유니콘이 탄생했습니다. 하지만 의식주도 지구가 존재할 때 영위할 수 있는 가치들입니다. 고민의 레벨이 다를 수밖에 없습니다.

시대를 주도하는 흐름이 이미 시작되었다는 뜻입니다. VC는 질문을 던졌고, 스타트업은 답하고 있습니다.

# 부록 I. 한국형 유니콘 이대로 괜찮은가

유니콘은 1조 원 이상의 기업가치를 기록한 이력이 있는 비상장 스타트업을 지칭합니다. 국내에는 총 35개가 있었는데 '쿠팡', '하이브', '우아한형제들' 등이 IPO나 M&A를 통해 유니콘 기업에서 졸업한 상황입니다. 2023년 4분기 기준으로는 총 22개[58]의 유니콘 기업이 있고, 대표적인 회사로는 '비바리퍼블리카(토스)', '직방', '당근', '두나무' 등이 있습니다. 유니콘 기업들의 2022년 매출과 영업이익은 다음과 같습니다.

---

[58] 집계 시 '옐로모바일'을 포함하는 경우가 많으나 해당 회사의 경우 실질적인 사업을 영위하기 어려울 정도로 상황이 안 좋아진 것으로 파악되기 때문에 이 책에서는 현 유니콘으로 구분하지 않았다.

## 표 14. 국내 유니콘 기업 실적

(단위: 원)

| 회사명 | 매출 | 영업이익(손실) |
|---|---|---|
| 컬리 | 2조 3,772억 | -2,334억 |
| 메가존클라우드 | 1조 2,659억 | -345억 |
| 두나무 | 1조 2,492억 | 8,101억 |
| 비바리퍼블리카(토스) | 1조 1,187억 | -2,472억 |
| 무신사 | 7,083억 | 31억 |
| 야놀자 | 6,045억 | 61억 |
| 지피클럽 | 5,730억 | 498억 |
| 오아시스 | 4,272억 | 48억 |
| 빗썸코리아 | 3,201억 | 1,634억 |
| 여기어때컴퍼니 | 3,058억 | 300억 |
| 엘엔피코스메틱 | 2,722억 | 233억 |
| 리디 | 2,210억 | -360억 |
| 아이지에이웍스 | 2,009억 | -2억 |
| 버킷플레이스(오늘의집) | 1,864억 | -362억 |
| 위메프 | 1,700억 | -538억 |
| 트릿지 | 1,141억 | -599억 |
| 직방 | 882억 | -370억 |
| 시프트업 | 653억 | 221억 |
| 파두 | 564억 | 15억 |
| 당근 | 499억 | -564억 |

(출처: DART, 2022년 기준)

국내 유니콘 스타트업 리스트를 보면 걱정스러운 몇 가지 포인트가 존재합니다.

첫째, '내수용' 사업이 너무 많습니다. 절반 이상이 전자상거래, 플랫폼 회사인데 해외에서 발생하는 매출은 아예 없거나 있어도 미미한 수준입니다. 모바일 게임 스타트업 '시프트업'과 에그테크 기업 '트릿지' 등은 글로벌 비즈니스에 대한 기회가 열려 있지만, 이런 유형의 회사들은 손에 꼽습니다. 유니콘 기업에서 졸업한 '우아한형제들' 같은 스타트업도 마찬가지입니다. 배달의민족으로 배달 시장의 절대 강자 중 하나로 자리 잡았지만 '국내용'이라는 평가를 피하기 어렵습니다.

둘째, 영업손실이 크다는 것입니다. 스타트업의 성격상 초기, 중기 단계에서는 수익을 내기 어려운 것이 사실입니다. 다만, 유니콘 수준까지 올라간 회사들이 적자 폭을 줄이지 못하는 것은 논란의 여지가 있습니다. 이들은 쿠팡이 되고 싶지만 현실은 생각보다 녹록지 않습니다. 공격적인 투자로 독점적인 위치를 선점하고, 이를 통해 탄탄한 이익을 창출하겠다는 전략이지만, 성장세는 주춤하고 손실 폭은 커지는 모양새입니다.

공시자료에 따르면 한국형 유니콘 스타트업 23개 중 13개 기업이 영업손실을 기록했습니다. 컬리의 2022년도 손실은 2,300억 원 수준이고, 토스의 손실 폭도 여전히 큽니다. 직방은 2022년 삼성 SDS의 홈 IoT 사업부를 인수하는 공격적인 전략을 펼쳤지만, 명확한 시너지 효과를 아직 확인하지 못하며 약 400억 원 수준의 적자를 기록했습니다. 반도체 설계 기업인 파두는 2023년 상장에 성공했지만,

2023년 2분기 매출이 5,900만 원에 불과해 큰 질타를 받으며 금융 당국의 조사를 받았습니다.

물론 반대 스펙트럼에 있는 회사들도 있습니다. 유니콘 스타트업이었던 '하이브'는 BTS를 중심으로 K팝 사업을 글로벌하게 전개하면서 수천억 원의 영업이익을 창출하고 있습니다. 시가총액도 약 9조 원 가까운 수준에서 형성되었습니다. 베틀그라운드를 만든 글로벌 게임회사 '크래프톤'도 마찬가지입니다. 전 세계를 대상으로 '외화벌이'를 제대로 하고 있습니다. 시가총액도 2023년 12월 기준 약 10조 원을 기록했습니다.

정부 당국은 유니콘 기업 육성을 위해 많은 유·무형 자원을 투여하고 있습니다. 국민의 소중한 세금이 쓰이고 있다는 뜻입니다. 혁신을 기대하며 대한민국의 새로운 먹거리를 만들어줄 것을 희망합니다. 하지만 실상은 큰 폭의 영업손실을 기록하는 내수용 스타트업들에 큰 자본이 몰리고 있다는 것입니다. 물론 단점만 있는 건 아닙니다. 고용 창출의 효과도 있을 것이고, 소비자들의 삶을 더 편리하거나 즐겁게 만들어주는 효과도 분명 있을 것입니다. 그러나 한국의 지정학적 특징을 고려했을 때 내수시장만 보고 가기에는 한계가 있습니다. 출산율은 OECD 최저 수준이고 노령화는 그 어떤 시점보다 빠르게 진행되고 있습니다. 생존을 위해 필연적으로 한반도 밖에서 기회를 찾아야 합니다. 좋은 제품과 서비스를 해외에 팔 수 있는 능력은 선택이 아닌 필수입니다.

필자는 그 역할을 수행하는 선봉장이 한국형 유니콘이길 바랍니다. 한국에는 흔히 말하는 'A급 텔런트'들이 많습니다. 좋은 인력이 좋은 자본을 만나면 멋진 결과물을 만들 수 있다고 믿습니다. 원천 기술력을 확보하거나 해외에서도 통하는 서비스를 만들 수 있는 역량을 우리는 분명 가지고 있습니다. 기존의 유니콘들이 잘못되었다고 비난하는 것은 아닙니다. 다만, 딥테크와 같은 영역 등에 더 많은 관심과 자본이 분산될 필요가 있다는 의미로 해석해주면 좋겠습니다.

# 부록 II. 엔젤투자

VC 투자는 기관만 할 수 있는 것은 아닙니다. 실제로 생태계를 이끌고 있는 미국의 경우 엔젤투자가 매우 활발하게 이루어지고 있습니다. NBA 간판 스타였던 샤킬 오닐은 구글의 초기 투자자 중 한 명으로 잘 알려져 있습니다.

한국은 상대적으로 규모가 작습니다. 규모로 보면 전체 벤처투자의 5% 수준도 안 되는 것으로 파악됩니다.[59] 다만, 전문 엔젤투자자[60]의 수가 꾸준히 우상향하고 있고, 엔젤클럽의 활동도 활발해지고 있습니다. 건축학 개론의 배우 이제훈은 장덕수 DS자산운용 회장의 소

---

**59** 출처: 과학기술정책연구원
**60** 최근 3년 투자 금액이 1억 원 이상이 되는 등 일정 요건을 갖추면 전문 엔젤 자격을 가질 수 있다. 전문 엔젤 수는 2020년 183명, 2021년 210명, 2022년 256명을 기록했다(출처: 한국엔젤투자협회)

개로 배송업체 마켓컬리에 엔젤투자를 했고, 정확한 금액은 밝혀지진 않았지만 높은 수익률을 기록한 것으로 파악됩니다.

엔젤투자는 본질적으로 매우 높은 위험성을 동반합니다. 투자를 업으로 하는 기관들은 리스크를 줄이기 위해 여러 가지 조치를 취할 수 있지만, 개인들에게는 해당 사항이 없는 경우가 많습니다. 대신, 일반적인 투자자산에서는 기대하기 어려운 높은 수익률을 기록할 수도 있습니다. 크래프톤을 창업한 장병규 의장의 경우 본엔젤스를 통해 '배달의 민족' 운영사에 3억 원 투자를 집행했는데 8년 만에 3,000억 원을 회수하면서 약 1,000배 수준의 멀티플을 기록했습니다. 전형적인 '하이 리스크, 하이 리턴high risk, high return' 모델입니다.

다시 본론으로 돌아와서 독자들이 아마도 제일 궁금한 질문은 '이런 투자를 일반 개인도 할 수 있는 거냐?'일 것입니다. 일단, 질문에 대한 필자의 답은 '예스'입니다.

대부분의 스타트업은 자금 확보에 대한 고민이 많습니다. 특히 초기 단계일수록 자본에 대한 고민은 더 클 수밖에 없습니다. 보여줄 수 있는 결과물이 제한적이다 보니 기관을 설득하는 것이 쉽지 않습니다. 그렇다 보니 자연스럽게 엔젤투자자, 즉 개인에게 투자를 받는 옵션을 적극적으로 고려하게 됩니다. 이런 이유 등으로 초기 단계에서는 기관이 아닌 개인들에게도 투자룸room이 많이 열리는 편입니다. 중기, 후기도 엔젤투자가 가능은 합니다. 다만, 아무래도 기업가치가 높아지면서 티켓 사이즈가 커지니 개인의 입장에서는 부담스러운 부분이 있습니다. 그리고 피투자회사 입장에서는 사업에 실질적인 도움을 줄 수 있는 재무적/전략적 기관투자자를 더 선호하는 성향을 보이게 됩니다.

초기 단계의 스타트업은 보통 기업가치 5억~10억 원 범위 안에서 투자유치를 진행합니다. 어느 정도 실적이 나올 경우 20억 원까지 올리는 경우도 있습니다. 극초기 스타트업의 기업가치는 보통 '톱다운top-down' 방식으로 결정됩니다. 별도의 세밀한 밸류에이션 기법 같은 건 없습니다. 초기 투자를 메인으로 하는 엑셀러레이터AC들이 정해놓은 일종의 룰rule이라고 이해하면 됩니다. 이 정도의 밸류에이션이면 총투자유치 금액은 1억~2억 원 수준인 경우가 많습니다. 한명이 단독 투자를 할 수도 있고, 여러 명이 조합을 만들어 투자할 수도 있습니다.

조금 더 구체적인 예시를 얘기해보겠습니다. 개인이 1억 원이 있습니다. 이 돈을 10분의 1로 나눠서 1,000만 원씩 10개에 스타트업에 투자한다고 생각해보겠습니다. 본문에서 여러 번 언급했듯 스타트업의 기본 값은 성공보다는 실패입니다. 성공은 소수가, 대부분은 실패라고 가정하는 것이 적절합니다. 그래서 스타트업에 투자할 때는 10개 중에 2~3개만 잘될 거라는 표준적인 기댓값이 있는데, 엔젤투자자는 기관들보다 불리한 점이 많으니 10개 중에 1개만 잘된다고 생각해보겠습니다.

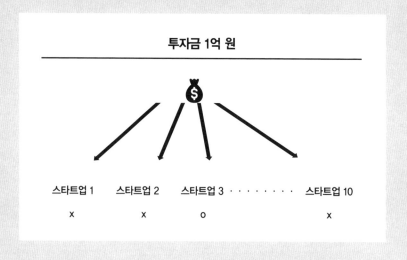

그림에서 보면 '스타트업 3'만 잘된 것입니다. 엔젤투자자는 '스타트업 3'의 5억 원 기업가치에 1,000만 원을 투자했습니다. 그런데 이 회사가 사업을 아주 잘했습니다. 빠르게 성장했고 추가 투자도 잘 받으면서 결과적으로 500억 원 기업가치까지 성장하게 되었습니다. 스타트업 3이 곧 상장할 수 있겠다는 기대감이 커지면서 기관투자자들은 '스타트업 3'의 구주 매입을 알아보기 시작했습니다.

엔젤투자자에게도 기회가 왔습니다. 결국 엔젤투자자는 5억 원

가치에 투자해서 500억 원 가치를 인정받고 지분을 매각하게 되었습니다. 1,000만 원을 넣어서 100배가 되었으니 10억 원입니다.[61] 총투자 원금을 기준으로 봐도 1억 원에서 10억 원이 되었으니 멀티플 배수가 10배에 달합니다. 매우 훌륭한 투자라고 볼 수 있습니다. 여기서 전달하고 싶은 메시지의 핵심은 이게 이론적으로도 가능하고, 실제로도 우리 주변에 이런 방식으로 큰 수익을 창출하는 개인투자자들이 있다는 것입니다.

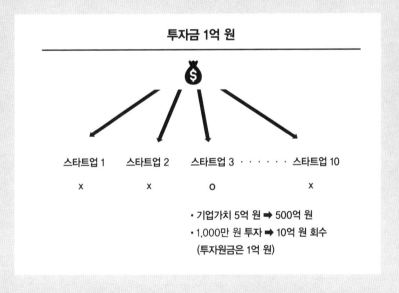

하지만 다시 한번 강조하지만, 엔젤투자는 결코 쉽지 않습니다.

---

**61** 예시를 단순화하기 위해 지분 희석 등은 반영/가정하지 않았다.

리스트를 나열하면 끝도 없겠지만, 몇 가지 핵심적인 챌린지와 잠재적 이슈에 대한 해결책을 제시해보도록 하겠습니다.

---

### 엔젤투자의 Challenge

1. 좋은 투자처 찾기(딜소싱)
2. 투자 프로세스(계약서)
3. 투자금 회수(Exit)

---

첫째, 딜소싱이 어렵습니다. 스타트업 투자는 비상장회사를 대상으로 하는 것이기 때문에 상장시장과 달리 대중에게 공개되는 정보가 거의 없습니다. 그래서 일단 좋은 투자처를 찾는 것, 즉 딜소싱 자체가 어렵습니다. 하지만 방법은 있습니다. 일단 주변 지인들을 잘 살펴보세요. 요즘은 정부가 지원하는 프로그램도 많고, 창업을 권장하는 사회적 분위기가 형성되다 보니 뛰어난 인력들이 스타트업 시장으로 많이 넘어오고 있습니다. 아마 주변에도 창업하는 친구들이 1~2명 정도는 있을 것입니다. 오래 알고 지낸 지인이라면 장단점을 더 명확하게 알 수도 있습니다. 투자의 리스크를 일정 부분 줄여줄 수 있다고 생각합니다. 데모 데이[62]도 잘 살펴보면 좋습니다. 대다수

---

**62** 데모데이(Demo Day)는 스타트업들이 본인들의 회사를 소개할 수 있는 행사다. 보통 AC들이 단독으로 진행하거나 대기업과 함께 공동으로 주관하는 경우가 많다.

의 스타트업 행사는 대중들에게도 공개되기 때문에 이런 채널들을 잘 활용해볼 필요가 있습니다.

더불어 본인이 잘 아는 영역에서 어떤 서비스와 제품들이 있는지 모니터링해보세요. 심사역들은 회사 검토를 업으로 하다 보니 전공 분야가 아니어도 체계적인 분석이 가능하지만, 개인투자자들에게는 쉽지 않은 일입니다. 본인이 전문성이 있고 깊이 있게 아는 영역에 투자할 때 성공의 확률이 높아질 수밖에 없습니다. 실제로 의사들은 개인 엔젤로 바이오, 헬스케어 스타트업에 투자하는 경우가 상당히 많습니다.

둘째, 투자 프로세스가 쉽지 않습니다. 단편적으로 계약서만 놓고 생각해보겠습니다. 개인들은 기관만큼 계약서 내용에 대한 이해도가 높지 않습니다. 협회 등에서 제공하는 표준계약서가 있지만 세부 항목들을 이해하고 조율하는 과정이 개인에게는 어려울 수밖에 없습니다. 엔젤투자는 계약서만 잘 써도 상당히 많은 리스크를 헤징할 수 있습니다. 예컨대 보통주 대신 상환전환우선주로 투자하거나, 4장에서 설명한 투자자 동의권의 범위를 최대한 확장시키는 방법 등이 있습니다.

그래서 필자는 엔젤투자자들에게 의사결정 전에 친분이 있는 심사역 또는 로펌과 충분한 대화를 나누는 것을 적극 권장하는 편입니다. 로펌의 경우 스타트업 투자에 대한 경험이 없는 하우스라면 별로 도움이 안 될 수 있습니다. 변호사들도 각자의 전문 영역이 있는데 스타트업 투자도 하나의 큰 카테고리이기 때문에 이쪽에 특화된 로펌들을 찾아야 합니다.[63]

마지막은 회수에 대한 부분입니다. 사업이 잘되어도 포트폴리오에 있는 회사가 코스닥이나, 코스피에 상장하지 않는 한 투자금 회수가 쉽지 않습니다. 결국 관건은 구주 매각을 얼마나 잘 활용하는지에 달려 있다고 봅니다. 성장하는 스타트업들은 IPO 전에 여러 번 펀딩을 받는 경우가 많습니다. 투자를 유치할 때는 보통 신주 발행을 많이 하긴 하지만 기존 주주들의 구주를 매입하는 경우도 적지 않습니다. 여러 가지 이유가 있을 수 있지만, 일단 일반적으로 구주는 신주보다 할인된 가격으로 거래되는 경우가 많습니다. 기존 주주들에게는 좋은 매도 찬스인 것입니다. 물론 제일 깔끔한 방법은 IPO 또는 M&A를 통한 회수입니다. 특히 IPO가 되면 증권시장에 상장되어 자유롭게 거래할 수 있으므로 투자자가 원하는 시점에 회수가 가능해집니다. 다만 그때까지 기다리려면 많은 시간이 소요될 수 있는데, 투자에서 시간의 가치는 무시할 수 없는 요소입니다.

엔젤투자는 매우 어렵습니다. 기본적으로 고위험 투자입니다. 단,

---

**63** 국내에서 VC 스타트업 관련 업무를 많이 하는 로펌으로는 세움, 이후 등이 잘 알려져 있다.

그만큼 높은 수익률을 기대할 수 있다는 특징도 분명 있습니다. 기관에게도 어렵지만 개인은 더 불리한 점이 많고, 타임 프레임도 길다 보니 짧게는 5년, 길게는 10년까지도 묵히는 경우가 많습니다. 긴 호흡으로 봐야 되는 투자라는 뜻입니다. 대신 단기적인 혜택도 있습니다. 소득공제가 가능합니다. 투자 금액 3,000만 원까지는 100%, 3,000만~5,000만 원은 70%, 5,000만 원을 넘어가는 투자금에 대해서는 30%의 소득공제를 받습니다. 절세 효과가 크다 보니 이를 목적으로 엔젤투자를 진행하는 개인들도 적지 않습니다.

# 부록 III. VC처럼 주식

실무자들은 결국 근로소득자입니다. 스타트업 생태계에서는 스톡옵션, 인센티브 등을 통해 더 큰 업사이드upside를 기대할 수 있지만 확률적으로 높지 않습니다. 수익 실현을 언제 할 수 있을지 예측하기도 어렵습니다. 그렇기에 노동을 통해 얻은 소득을 잘 '굴리는' 노력이 필요합니다. 대한민국은 경제 규모로 봤을 때 이미 선진국의 반열에 올랐지만, 반대로 해석하면 이제 과거 50년만큼 폭발적인 성장은 기대하기 어렵다는 뜻이기도 합니다(선진국들의 평균 성장률은 2% 내외입니다). 반면 평균 수명은 빠르게 증가하고 있습니다. 100세 시대를 대비해야 합니다. 노동 수익을 열심히 모아서 저축하는 것만으로는 편안한 노후생활을 보장할 수 없습니다.

필자는 개인적으로 VC 스타트업 생태계에 있는 지인들에게는 주식투자를 많이 권장합니다. 일단 재무적으로 봤을 때 상대적으로 고수익을 기대할 수 있는 자산이고, 부동산과 달리 시드머니가 작아도 충분히 시작할 수 있기 때문입니다. 부동산은 리츠투자 등이 있지만 해외 투자가 제한적인 반면, 주식은 미국/중국/동남아시아 등 여러 글로벌 시장에서 자산을 운용할 수 있습니다.

채권도 나쁘지는 않지만 변동성이 작은 만큼 기대 수익률도 낮습니다.[64] VC 스타트업 생태계는 전체적으로 연령대가 낮은 편이기 때문에 조금 더 리스크를 감내하고 높은 수익률을 기대할 수 있는 자산군에 투자하는 것이 적절하다고 생각합니다. 주식투자는 학습 효과도 있습니다. 비상장사와 상장사는 결국 일맥상통할 수밖에 없습니다. 상장사를 분석하고 공부하면 스타트업에 대해서도 더 깊이 있게 이해할 수 있게 됩니다. 말 그대로 '일타쌍피'입니다.

그럼 주식투자는 어떤 방식으로 하는 것이 좋을까요?

투자의 방법에 정답은 없습니다. 각자가 원하는 구체적인 기대 수익률, 리스크를 바라보는 관점 등에 따라 전략이 달라질 것입니다. 그러면서 어떤 이들은 워런 버핏의 가치투자를 지향하고 또 어떤 이들은 제시 리버모어의 모멘텀 투자를 찬양합니다. 짧은 타임 프레임 안에서 거래하는 '단타 매매'로 큰돈을 번 투자자들도 있고, 차트를

---

**64** 2023년 하반기처럼 예외적인 시장도 있지만 역사적인 평균치를 놓고 생각해볼 필요가 있다.

기반으로 전략을 짜는 트레이더들도 존재합니다. 결국은 스타일의 차이인 것이고, 본인에게 맞는 옷을 찾는 것이 중요합니다.

필자의 경우 비상장회사에 포커스를 맞춘 벤처투자자이지만, 상장사 투자도 'VC처럼 하자'라는 나름의 확고한 기준점이 있습니다.

VC 투자의 경우 일단 Top-Down(톱-다운)의 성향이 강합니다. 대부분의 스타트업이 투자의 근거가 될 만한 유의미한 지표와 데이터가 많지 않기 때문에 Bottom-up(바텀-업) 방식은 한계가 있습니다. 결국 위에서부터 내려오면서 검토를 시작하는 사례가 많습니다. 그런 맥락에서 일단 타깃 시장을 진단합니다. 회사가 공략하고자 하는 시장의 규모가 충분히 큰지, 해결해야 하는 비효율성이 존재하는지 등을 고민합니다.

그다음은 팀team 구성입니다. 사업도 결국 사람이 하는 일입니다. 특히 스타트업은 대표자와 핵심 인력들이 어떤 특징과 성향을 가지고 있는지, 이들이 어떤 문제를 풀고자 하는지, 그리고 그 문제를 잘 풀 수 있는 인력 구성인지를 집중적으로 봐야 합니다. 앞에서 언급한 두 가지 포인트들이 정리되면 다음으로는 사업 모델business model의 타당성을 고민합니다. 뜬 구름 잡는 모델은 아닌지, 효율적인 구조로 진화하고 있는지 등을 생각해봐야 합니다.

여기에 더해 또 한 가지 중요한 요소는 주주 구성입니다. 국내 VC 투자 계약 구조는 상당히 타이트한 편입니다. 표준계약서를 보면 주요 경영 안건에 대해 주주들의 전원 동의나 최소 과반 이상의 동의를 받아야 하고, M&A와 같은 큰 의사결정을 할 때도 주주들이 행사할 수 있는 영향력이 적지 않습니다. 그만큼 어떤 주주가 회사와 함께하는지가 중요한데, 그래서 필자의 경우 주주로 들어온 기관들이 어떤 성향을 가지고 있는지를 면밀히 살펴보는 편입니다.

전략적 투자자Strategic Investor, SI인 경우 어떤 시너지 창출이 가능한지, 그리고 SI들이 바라보는 방향과 회사가 바라보는 방향이 유사하거나 일치하는지도 검토해봅니다. 이런 과정들이 마무리되면 (혹은 동시에) 회사의 핵심 KPI나 주요 지표들도 분석해보지만, 필자의 경우 앞에 언급한 내용들을 크로스 체크하거나 가설을 검증하는 수준으로 활용했습니다.

이 같은 일련의 과정들은 상장사를 검토하거나 투자할 때도 비슷하게 적용될 수 있습니다.

전통적인 리서치에서는 실적과 같은 '숫자'에 집착하는 경우가 많지만 주식 가격은 결국 미래 가치에 대한 기대치가 차지하는 비중이 큽니다. 때문에 밸류에이션에 필요한 데이터 외에도 여러 정성적인 요소를 복합적으로 고민해야 한다고 생각합니다. 'VC처럼 투자하는 방식'에서는 결국 '시장 – 팀(창업자/대표자/핵심인력) – 사업 모델 – 주주 구성'을 중점적으로 본다고 말씀드렸는데, 상장사 주식에 투자할 때도 특히 '창업자 – 대표자 – 핵심인력'에 대한 레퍼런스 체크는 다각도로 진행하면 큰 도움이 된다고 생각합니다.

특히 중소형 주식의 경우 더더욱 그러한데, 왜냐하면 상장사라고 해도 결국에는 최종 의사결정권자가 있고, 이분들이 어떤 의사결정을 하는지에 따라 회사의 미래가치는 크게 달라질 수 있기 때문입니다. 대형주의 경우 시스템적으로 움직이는 부분이 있어서 임팩트가 상대적으로 조금 적을 수도 있겠지만, 중·소형주의 경우 대표자의 영향력이 절대적으로 큰 경우가 많습니다.

투자 자산을 바라보는 관점도 'VC처럼' 해볼 수 있을 것입니다. VC의 본질은 결국 'High risk, High return(고위험, 고수익)'입니다. 10%, 20% 수익률을 기대하고 투자하는 VC는 없습니다. 적어도 5배에서 10배, 많게는 20배 이상의 투자 성과를 기대합니다. 단, 특정 회사 한 곳에 올인하지 않습니다. 초고수익을 낼 수 있는 포트폴리오들을 여럿 담고, 대신에 10개를 투자한다면 7~8개 포트폴리오는 어려운 상황에 직면할 수 있음을 감안하고 사후관리를 진행합니다. 10개의 회사 중에 1~2개 정도만 '터져 줘도' 펀드 전체의 수익률이 충분히 높게 나올 수 있기 때문입니다.

그리고 마지막으로 강조하고 싶은 포인트는 바로 '시간'을 바라보는 관점입니다. 벤처투자 기관은 긴 타임 프레임을 가지고 포트폴리오를 운영합니다. 일반적으로 VC펀드의 만기는 7년인데 글로벌 Top VC들은 펀드 주기를 10년까지도 생각합니다. 심지어 이조차도 불필요하다고 생각하여 펀드의 만기 자체를 없애려는 움직임도 나왔습니다. 그만큼 긴 호흡으로 함께할 수 있는 회사를 발굴하고 장기적으로 함께한다는 기조가 강하다는 뜻입니다.

필자는 상장사 투자도 크게 다르지 않다고 생각합니다. 미래에도 충분한 가치가 있을 것이라고 판단되는 회사라면 인내심을 갖고 주주로서 성장의 기쁨을 함께 누리면 됩니다.

'VC처럼 생각하는 투자'의 관점에서 바라보면 접근법이 상당히 달라질 수 있습니다. 물론, 상장시장의 속성이 비상장의 그것과는 다른 부분도 있습니다. 하지만 VC들은 지난 수십 년간 국내외에서 천문학적인 실적을 내며 빅테크 회사들의 성장에 큰 기여를 했습니다. 이미 어느 정도 검증된 모델이라는 뜻입니다. 각자의 스타일에 맞는 투자 방식은 분명 다를 것이지만, 한 번쯤 고려해볼 만한 이유는 충분해 보입니다.

# 부록 IV. 입문

VC 심사역은 많은 이가 선망하는 직업입니다. 엄친아들의 집합소라는 표현도 적지 않게 볼 수 있습니다. 2020년 방영된 드라마 〈스타트업〉에서 김선호 배우가 연기한 '한지평'은 VC의 수석팀장인데, 그는 뛰어난 투자 실력으로 부와 명예를 거머쥡니다. 한강 전망의 자가 아파트를 소유하고 있고 고급 수입차를 몰고 다닙니다. 억대 연봉자인 것은 물론이고, 거액의 투자금을 집행할 수 있는 권한도 가지고 있습니다. 일부 과장된 부분이 있지만 사실을 기반으로 하는 묘사입니다.

실제로 VC 심사역들의 면면을 보면 뛰어난 인재가 많습니다. 학력, 경력 모두 부족함이 없습니다. 큰 기업의 2세, 3세들이 VC에서 후계자 교육을 받는 사례도 늘고 있습니다. 이동채 에코프로 회장의 장녀 이연수는 에코프로파트너스의 투자 심사역으로, 도용환 스틱인

베스트먼트 회장의 차남은 컴퍼니케이파트너스라는 VC의 수석팀장으로 근무했습니다.

스타트업 실무자들도 VC 커리어에 대한 관심이 높습니다. VC들도 스타트업 오퍼레이션 경험이 있는 실무자들을 더 많이 채용하는 추세입니다. 실리콘밸리는 이미 창업자 출신의 VC들이 많습니다. 테헤란로[65]도 비슷한 흐름으로 진화하는 모습입니다. 엑시트 경험이나 C-레벨 포지션을 해봤으면 베스트지만 없어도 무방합니다. 회계사, 의사, 약사, 변호사 등 전문직 종사들도 VC로 넘어오는 케이스가 많이 생기고 있습니다. 특히 바이오/헬스케어 쪽에서는 의사 출신 심사역들의 활약이 대단합니다. 지방대 의예과가 SKY의 일반학과를 제칠 만큼 의대 선호가 심한 요즘 세상에 의사 출신 인재들이 VC 시장으로 유입되는 것은 시사하는 바가 큽니다.

일종의 꿈의 직장 같은 느낌입니다. 공채도 거의 없다 보니 지인 추천 등으로 시장에 진입하는 경우가 많습니다. 소수의 인력이 운영하는 폐쇄적인 시장이어서 다가가기가 더 어렵게 느껴집니다. 그럼에도 불구하고 방법이 없는 것은 아닙니다. VC 취업에 관심 있는 독

----

**65** 다수의 한국 VC들은 서울 강남구 테헤란로에 위치하고 있다. 미국의 실리콘밸리와 비슷한 느낌으로 표현된다고 생각하면 된다.

자들을 위해 몇 가지 팁을 전달하고자 합니다.

일단, 네트워킹이 중요합니다. 앞서 설명했듯 VC 시장은 신뢰할 수 있는 지인을 통해 알음알음 채용을 진행하는 경우가 많습니다. 심사역들과 관계 형성이 중요하다는 뜻입니다. 이를 위해 대학생이라면 인턴십을 적극적으로 활용해보면 좋습니다. 채용까지 전환되지 않더라도 업계 네트워크를 구축하기에 좋은 기회입니다. MBA와 같은 전문 대학원 진학을 앞둔 경력자들도 마찬가지입니다. 보통 과정을 시작하기 전에 퇴사 후 어느 정도 공백기가 있는 경우가 많은데, 이때 인턴십 또는 계약직 포지션으로 VC와 일해볼 수 있다면 큰 도움이 됩니다. 심사역들이 많이 모이는 이벤트를 가보는 것도 좋습니다. 데모데이, 벤처캐피탈협회 주관 교육 등이 좋은 예입니다.

지인을 통해서 지원을 할 수 있다면 이상적이겠지만, 어려운 경우가 더 많습니다. 이럴 때는 직접 지원할 수 있는 채널을 찾아야 합니다. 방법 중 하나는 본인들이 관심 있는 VC의 홈페이지를 정기적으로 체크하는 옵션이 있지만, 필자의 추천은 한국벤처캐피탈협회의 채용공고 게시판입니다. 대부분의 국내 VC는 채용에 대한 의사가 있으면 협회의 게시판을 활용합니다. VC 커리어에 관심 있는 독자들에게 큰 도움이 될 것입니다.

**그림 25. 한국벤처캐피탈협회 게시판**

다음 스텝은 인터뷰입니다. 보통 면접도 많이 하지는 않기 때문에, 여기까지 온 것만으로도 의미 있는 진전이 있었다고 볼 수 있습니다. 필자는 인터뷰를 테스트라고 생각하지 않습니다. 지원자와 회사가 서로를 알아가는 과정의 일부라고 봅니다. 양쪽의 니즈가 잘 맞으면 채용까지 이어지는 거고, 아니면 어쩔 수 없는 것입니다. 일방적으로 평가를 받는 자리라고 생각할 필요가 없어 보입니다.

단, 인터뷰 진행 시 참고하면 좋을 만한 몇 가지 피드백이 있습니다.

## #1. What 관심있는 섹터/스타트업?

## 논리적 사고
## 하우스의 성격

첫째, 본인이 관심 있는 섹터와 해당 섹터에 있는 스타트업에 대해 충분히 고민해봐야 합니다. 인터뷰에 들어가면 "어떤 쪽에 관심 있으세요?" "어떤 스타트업에 눈길이 가나요?"와 같은 질문을 받을 것입니다. 정답이 정해져 있는 질문은 아닙니다. 1 더하기 1 같은 산수가 아니기 때문입니다. 단, 본인의 생각을 논리적으로 정리해서 답변할 수 있어야 합니다. 인터뷰 담당자는 그 답변에 논리의 빈틈은 없는지, 전달하고 싶은 '논지thesis'를 듣는 이에게 잘 전달할 수 있는지 등을 종합적으로 살펴봐야 합니다. 여기에 정성적인 근거와 정량적인 근거를 같이 활용해서 답변을 하면 베스트입니다.

한 가지 더 첨언하자면, 정답은 없지만 생각의 '방향'은 중요합니다. 예를 들면 후보자에게 어떤 섹터에 관심 있는지 물어봤더니 '커머스 플랫폼'이라고 답변했습니다. 그런데 인터뷰를 보고 있는 VC는 플랫폼 투자는 안 하고 딥테크, 바이오와 같은 원천 기술에만 포커스를 맞추는 하우스였습니다.

결이 안 맞는 상황입니다. 이럴 경우 후보자의 답변은 하우스의 성격을 고려하지 않은 대답으로 간주될 수 있습니다. 조금 더 부정적으로 해석하면 사전에 충분한 고민 없이 인터뷰에 참여했다고 생각할 수도 있습니다.

## #2. Why 벤처캐피탈?

### 업계 이해도
### 납득할 만한 동기

둘째, '나는 왜 VC를 하고 싶은가'에 대한 이유가 잘 정리되어 있어야 합니다. 마찬가지로 피할 수 없는 질문입니다. 이런 질문의 의도는 후보자가 납득할 만한 동기를 가지고 이 업계에 오고 싶은지를 알고 싶은 것입니다. 예를 들어보겠습니다.

필자가 인턴 인터뷰를 진행할 당시 들었던 답변 중에는 "저는 VC에서 열심히 일해서 IB(투자은행)로 가고 싶어요", "VC에서 근무하면서 다양한 투자 기법을 배우고 싶습니다"와 같은 내용들이 있었습니다. 잘못되었다고 단정 지을 수는 없지만 VC 입장에서는 의아해할 수 있는 답변입니다. 일반적으로 투자은행과 같은 '셀사이드sell-side(매도 부문)'에 있는 인력들은 어느 정도 경력을 쌓고 '바이사이드

buy-side(매수 부문)'로 넘어오는 경우가 많습니다.[66] 바이사이드에서 다시 셀사이드로 가는 경우는 거의 없습니다.

투자 기법도 비슷합니다. VC에서 여러 딜을 하다 보면 다양한 형태의 거래transaction을 해볼 수 있는 것은 맞으나, 앞서 설명했듯이 VC의 경우 정량적인 부분보다 정성적인 요소가 크게 작용하는 경우가 많습니다. 모델링에 관심이 있고 장점이 있다고 생각되면 오히려 헤지펀드Hedge Fund나 사모펀드Private Equity가 더 적절한 선택지일 수 있습니다. 다시 말하지만, 이게 무조건 틀린 답변이라는 뜻은 아닙니다. 다만, 오해의 소지가 상당 부분 있기 때문에 인터뷰 시 참고할 필요가 있습니다.

---

## #3. Why 우리 회사?

### 핏Fit
### '숙제' 완료 여부

---

세 번째로, '왜 수많은 VC 중에 지금 면접을 보고 싶은 그 회사에

---

[66] 증권회사/투자은행/브로커 등이 대표적인 셀사이드이다. VC/PE/자산운용사/보험사/헤지펀드 등이 대표적인 바이사이드다. 셀사이드는 일종의 어드바이저(advisor)의 역할을 하며 그에 합당한 수수료를 취하는 구조이고, 바이사이드는 직접 자산을 운용(자산을 buy하는) 주체라고 생각하면 된다.

가고 싶은지'에 대한 답변도 생각해봐야 합니다. VC 입장에서는 1차적으로 서로 간의 핏이 맞는지 보겠지만, 2차적으로는 지원자가 인터뷰 전 '숙제'를 제대로 했는지 확인하고 싶은 부분도 있습니다.

VC 심사역은 수많은 업체를 만나 수많은 미팅을 진행하는 직업입니다. 미팅이 곧 업무이기 때문에 철저한 사전 준비는 프로페셔널 professional 로서의 의무이기도 합니다. 특히 스타트업의 경우 1분, 1초가 소중한 경우가 많습니다. 시간을 할애받았다면 더 큰 책임감을 느껴야 합니다. 만나려고 하는 회사가 어떤 서비스를 운영하는지, 회사가 속한 시장의 상황은 어떤지 등을 미리 스터디하는 자세가 필요합니다.

그런 맥락에서 얘기해보자면, VC 인터뷰도 결국 비즈니스 미팅 중 하나로 볼 수 있습니다. 생산적인 대화를 나누기 위해서는 지원한 VC의 특징이 뭔지, 나는 왜 이 회사에 가고 싶은지 등을 충분히 고민하고 미리 정리할 필요가 있습니다. 기본에 충실해야 합니다. 이런 부분을 미스하면 지원자로서의 매력도는 떨어질 수밖에 없습니다.

**(별표 10개)**
**질문을 잘해라**

마지막으로, 질문을 잘해야 합니다. 별표를 10개 정도 치고 싶을 만큼 중요한 포인트입니다. 인터뷰를 하면 보통 마무리를 하면서 "궁금한 부분이 있으세요? 더 알고 싶은 내용이 있으세요?"와 같은 질문을 합니다. 형식적인 부분도 없지 않아 있지만, 이때 짧고 임팩트 있는 '좋은' 질문을 던질 수 있어야 합니다.

왜 그런지 생각해보면, VC 심사역이라는 직업의 핵심은 결국 좋은 스타트업을 찾는 것이라고 볼 수 있습니다. 창업자 또는 창업팀을 만나서 회사의 장단점을 빠르고 정확하게 파악할 수 있어야 합니다. 그러기 위해서는 맥락에 맞는 '핵심적인 질문'을 던질 수 있는 역량이 매우 중요합니다. 그래서 인터뷰 후보자가 던지는 질문의 '질'이 좋다면 분명한 플러스 요소입니다. '양'은 의미 없습니다. 불필요한 질문을 많이 하면 오히려 역효과가 날 수도 있습니다. VC에는 훌륭한 지원자들이 많이 몰립니다. 이런 마지막 순간까지 잘 활용해서 본인의 경쟁력을 올릴 수 있길 바랍니다.

지금까지 VC 취업 준비 시 도움이 될 만한 내용들을 정리해봤습니다. 이번 섹션을 정리하면서 불편한 부분도 있었습니다. 생태계의 주역인 '창업자'보다 '심사역'이 더 많은 스포트라이트를 받는 느낌이 들었기 때문입니다. 창업자가 없으면 심사역도 없습니다. 금융은 창업을 지원하는 역할입니다. 주객이 전도되어서는 안 됩니다. 현재

의 심사역과 미래의 심사역 모두 '창업자 중심적인' 사고를 해주길
바랍니다.

심사역은 큰 영향력을 가진 존재입니다. 그만큼 무거운 책임감이
동반됨을 결코 잊어서는 안 됩니다. 선한 마음을 가진 인력들이 더
많이 유입되고, 그들이 더 큰 선함을 전파할 수 있는 따뜻한 시장이
되기를 바랍니다.

エ|ピ|ロ|グ

에 | 필 | 로 | 그

# VC와 스타트업은 하나의 유기체이다

스타트업은 VC를 알지 못하면 생태계의 반만 보는 것이고, 마찬가지로 VC도 스타트업의 고민을 알지 못하면 생산적인 투자를 할 수 없습니다. 서로가 서로를 더 잘 알았을 때 시너지는 배가 됩니다. 이책을 완독한 독자들께서 VC 스타트업의 A부터 Z를 한 단계 더 깊이 있게 이해하는 기회가 되었길 바라봅니다. VC와 스타트업으로 진입하고 싶은 '예비' 관계자분들도 마찬가지입니다. 큰 그림을 파악하고접근했을 때 더 좋은 성과를 얻을 수 있습니다.

시중에는 창업, 투자유치, 마케팅, 회계, 모델링 등 특정 실무 분야를 다루는 책들은 많지만, 산업 전반에 대해 '포괄적'이며 '밀도' 있게보여주는 서적이 없었습니다. 《VC 스타트업》을 집필한 이유입니다. 그래서 이 책이 분명 여러분에게 좋은 기준점이자 길잡이가 되어줄 것이라고 믿습니다.

대한민국은 매력적인 VC 스타트업 생태계를 가지고 있습니다. 한국의 인구 밀도는 OECD 국가 중 1위를 차지할 만큼 밀집도가 높은데, 덕분에 서비스 기반의 스타트업은 낮은 비용으로 높은 효율을 낼수 있습니다. 한국의 고등교육 이수율은 2023년 보고서 기준 69.6%로 OECD 회원국 중 1위입니다. 고급 인력 확보가 핵심인 기술 기반스타트업에게 매우 의미 있는 지표입니다.

가능성은 무궁무진합니다. 이미 국내총생산GDP 대비 벤처투자 비중은 미국, 중국, 이스라엘에 이어 세계 4위를 기록한 바 있습니다. 정부도 생태계 활성화를 위해 2027년까지 세계 100대 유니콘 5개사를 배출하고, 서울을 창업벤처 생태계 순위 세계 7위로 끌어올린다는 목표를 제시했습니다. 날아가는 로켓입니다. 어떤 자리든 일단탑승해볼 만한 가치는 분명 있어 보입니다.

국내 VC 스타트업 인력은 100만 명을 목전에 두고 있습니다. 이미 많은 분이 참여하고 있다는 뜻이고, 앞으로 신규 인력도 지속적으로 유입될 것입니다. 이들은 우리나라의 미래입니다. 더 높이, 더 멀리 날아가 멋진 성과를 거두시길 마음을 담아 응원합니다.

그 과정에서 이 책이 의미 있는 역할을 할 수 있길 희망합니다. 저의 부족한 지식을 힘을 다해 압축하여 독자들에게 올립니다.

감사합니다.

김기영

VENTURE
CAPITAL
START-UP

# VC 스타트업

초판 1쇄 발행  2024년 03월 15일
초판 3쇄 발행  2024년 06월 20일

| | |
|---|---|
| 지은이 | 김기영 |
| 펴낸이 | 임충진 |
| 펴낸곳 | 지음미디어 |
| 출판등록 | 제2017-000196호 |
| 전화 | 070-8098-6197 |
| 팩스 | 0504-070-6845 |
| 이메일 | ziummedia7@naver.com |
| ISBN | 979-11-93780-02-2 03320 |

값 19,800원

ⓒ 김기영, 2024

• 잘못된 책은 바꿔드립니다.
• 이 책의 전부 또는 일부 내용을 재사용하려면 사전에 저작권자와 지음미디어의 동의를 받아야 합니다.